10年で激変する!

公務員の未来予想図

生駒市長
小紫雅史

JN193265

学陽書房

はじめに

オックスフォード大学等の研究結果では、ＡＩ（人工知能）の発展により、将来なくなる可能性のある職業として、行政事務員（国・県市町村）が例示されています。これに対して発奮するのか、冷笑するのか、あきらめるのか、この研究結果があること自体知らないのか。あなたはどのタイプの公務員でしょうか。

急激な社会変化が、公務員や自治体に大変厳しい時代をもたらすことは確実です。この社会変化をチャンスとして、自治体や公務員が大きくステップアップする機会とできるのか、それとも社会変化に対応できずに飲み込まれ、自治体や公務員への信頼が失墜してしまうのか。決定的な岐路に立たされていることは間違いありません。

近い将来、公務員の代名詞でもあった終身雇用や年功序列は確実に崩壊し、ＡＩやＩＴ（情報技術）の発展に伴い職員数も減っていくでしょう。しかし、ＡＩやＩＴを活用した新しいサービス、市民力を活用した新しいまちづくりを進め、変化に対応した新しい自治体を立ち上げる大きなチャンスでもあるのです。

このことは、多くの現職公務員はある程度理解しています。しかし、このような現状と近い未来について漠然としたイメージしか持っておらず、自分が、組織が何をしなければいけないのか整理できずに手をこまねいている人も多いのではないでしょうか。

　本書では、自らの力で未来を描きたいと願う自治体で働く職員の皆さんに向けて、10年後、どのような社会変化がおこるのか、それに伴って自治体や公務員は今から何をどう準備しておけばいいのか、について整理・分析しました。

　これからの自治体、公務員が胸に刻んでおくべきキーワードとして、私は「リーダーシップ（始動力）」「稼ぐ力」「常識を破壊する突破力」「自治体3・0を実現する協創の力」と確信しています。この4つの力について、1人でも多くの公務員がこれらの力を意識し、明日から行動に移していただけるよう、具体的な事例も交えて記述しています。

　10年後、自治体は「消滅」と「新生」のどちらの道を進むのでしょうか。そのとき、あなたは、新しい時代の公務員としてやりがいを持って活躍できるのでしょうか。

　本書を読み、考え、実行につなげていただければ、これ以上の喜びはありません。

　公務員という仕事を、未来を担う子どもたちのあこがれの職業にする義務と責任と楽しみが、私たち現役の公務員にはあるのですから。

著者

10年で激変する！「公務員の未来」予想図◎目次

第2章 公務員試験はなくなり、公務員の副業が当たり前になる

第3章　自治体は経営だ！　稼ぐ自治体が台頭する

第4章　すべての自治体に国際化対応が求められる！

第5章 新しい時代の公務員として生き残るために

第1章

公務員の仕事の常識が変わる!

1

人工知能・ロボットの進化により、公務員の仕事が消滅する！

日本の労働人口の「49％」が人工知能（ＡＩ）やロボット等で代替可能になる——２０１５年、株式会社野村総合研究所が、英オックスフォード大学との共同研究により、日本国内６０１種類の職業について分析し、このようなショッキングな研究結果を発表して話題となりました。その中には、ＡＩやロボット等による代替可能性が高い１００種の職業がピックアップされており、国や自治体の行政事務員も含まれています。現在の自治体職員の仕事は、10年後、20年後にもあるとは限らないのです。

実証実験がものがたる提携業務自動化の数々！

今後、ＡＩやロボット、ＩＴは急速に発達し、自治体における定型業務がなくなっていくことは確実です。

例えば、富士通株式会社、国立大学法人九州大学などは、ＡＩを用いて最適な保育所の割り当てを自動的に算出する技術を開発しました。この技術は、さいたま市で活用され、複数の職員が50時間かけて対応していた、約８０００人の利用者のきめ細かな保育所の割り当てを、わずか数秒で算出したことで話題となりました。

茨城県つくば市では、ＮＴＴデータなど３社と協力して、住民税関係データの移行など単純作業の自動化に向けた共同研究を進め、業務の効率化を進めています。

経済産業省では、**国会答弁の作成を含む行政事務における人工知能利活用を研究しています**し、三菱総合研究所では、全国30以上の自治体において、ＡＩが市民からの問い合わせに対応する実証実験を進めています。

世界に目を向けると、韓国では政府のシステムを活用して、国民がどこからでも24時間３６５日、各種証明書の発行ができ、行政業務の大幅な削減と国民の利便性の向上が図られています。

ＡＩやＩＴを活用して国家を挙げた取り組みを進めているのが北欧の小国エストニアです。エストニアでは、15歳以上のすべての国民が電子ＩＤカードを持つことを義務付けられ、ほぼすべての行政手続をオンラインで済ませることが可能です。

２０１４年には海外からの投資や企業誘致等を促進するためのE-residency（電子居住権）制度が導入され、国外に住みながらでもエストニアの電子政府システムを活用した経済活動が可能となったほか、会社の設立・登記に関する手続きが最短で18分でできると話題になりました。また、世界初のインターネット投票も実現しています。

このように、ＡＩやロボット、ＩＴの進化に加え、国家プロジェクトや、ビッグデータやオープンデータを活用した新しい行政サービスも生まれています。これからは、**行政が持つ情報やデータは行政だけのものではなく、市民や事業者に提供されるのが当然**になり、それを活用した新しい公共サービスが生まれてくる時代となります。

ＡＩ・ＩＴに負けない公務員の仕事とは何か？

では、これからの公務員は、ＡＩやロボットに仕事を奪われ、その役割を失ってしまうのでしょうか？　私の答えは半分「ＹＥＳ」、半分「ＮＯ」です。

ＡＩやＩＴを活用すれば、どんどん仕事が効率化され、自治体に必要な職員数は大きく減少するでしょう。同時に、人間にしかできない業務や、ＡＩと人が連携すれば一層効果的に進められる業務に、公務員がこれまで以上に注力して、引き続き市民生活の向上や社会の発展に貢献することは、これからも十分できるはずです。

前述した野村総研とオックスフォード大学の共同研究でも、「創造性、協調性が必要な業務や、非定型な業務は、将来においても人が担う」とされ、「（中略）他者との協調や、他者の理解、説得、ネゴシエーション、サービス志向性が求められる職業は、人工知能等での代替は難しい傾向があります」と述べられています。

私の住む生駒市には、市民によるイベントにどんどん顔を出し、本音を聞き出したり、広報などで活動を支援しながら大きな信頼を得ている職員がいます。単に市民のニーズを聞き出すだけでなく、逆に市民にいろいろとお願いをし、汗をかいてもらいながら、より魅力的なまちづくりに奔走しています。

このように、公務員がこれからの時代に生き残っていくには、**人間にしかできない仕事に特化し、現場に入り、専門性に磨きをかけることが不可欠**です。定型的ではない課題を常に設定し、他者とコミュニケーションをとりながら、創造的なアウトプットを生み出す仕事とは何かを考え、具体的に動いていかざるを得なくなるのです。

2

少子高齢化・人口減少の中、公務員数は一気に減少する！

２０１６年、わが国の年間出生数が97万６９７８人となり、初めて１００万人を割り込んだことが大きなニュースとなりました。これは１９４９年の年間出生数である２６９万６６３８人の約３分の１です。

また、１人の女性が15歳から49歳までに産む子どもの数の平均値である「合計特殊出生率」も２０１６年に１・44となり、これは１９４９年の４・32のちょうど３分の１です。人口維持するための合計特殊出生率が２・07といわれているので、今後１・44が維持されるとしても、２世代続けば、子どもの数は半分以下になります。

少子高齢化と人口減少により、行政ニーズの増大と、自治体の財政への悪影響及びそれに起因する職員数の削減というトリプルショックが自治体を襲います。

想像を絶する少子高齢化のスピード

１００年後の２１１５年には、日本の人口は約５０００万人になると推計されています。

一方、高齢化問題に関しては、「２０２５年問題」という言葉があります。団塊の世代が後期高齢者となり、社会保障費が大きく増加すると予想されるのが２０２５年頃です。２０１６年の高齢化率は27・３％ですが、２０２５年には30・０％になり、数年のうちに後期高齢者数が前期高齢者数を追い抜くと予想されています。

その後の２０４２年には、団塊ジュニア世代が70歳前後となり、高齢者数が３９３５万人とピークを迎えますが、**団塊ジュニア世代の子どもたちの世代は「第３次ベビーブーム」といわれるような顕著な出生数の増加は見られなかったため、現役世代の負担は極めて重くなる**のです。[※1]

※1　国立社会保障・人口問題研究所：http://www.ipss.go.jp/pp-zenkoku/j/zenkoku2017/pp_zenkoku2017.asp

確実に進む公務員数の減少

地方公務員数は、1994年度の328万2492人をピークとして、2017年度には274万2596人まで減少しています。※2 生駒市でも、2005年度に1004人いた職員数は、退職者と入職者数による調整、窓口業務の委託、幼稚園・保育園や給食センターの臨時職員の採用などの取り組みで、2018年度には813人へと約19％減少しました。

職員数の削減に加え、働き方改革の一環として残業削減も進めているので、一人ひとりの職員の負担は増加しています。生駒市では職員採用改革を進めて優秀な職員を確保しているほか、業務効率化を進めていることから、**職員数の削減が必ずしも職員のマンパワー低下とつながるわけではありません。**それでも、財政や人材などのリソースが大きく制限される中で、多様化・複雑化・専門化する市民ニーズにどう対応していくかは大きい課題です。

このような少子高齢化と人口減少による自治体への影響は大きく2つあります。

1つは、**少子高齢化と人口減少による行政課題やニーズの増加・多様化**です。少子高齢化と人口減少は、高齢者福祉や介護の拡充、高齢化するひきこもり・ニートへの対応、親亡き後の障がい者の問題など、さまざまな課題やニーズを生むため、これからは社会保障関係経費が激増します。また、人口減少の影響により、行政効率の低下や空き家の増加、地域消費の減少などの複合的な問題も発生します。

一方で、現役世代（生産年齢人口）が減るので、住民税の減少はもちろんのこと、住宅の評価額も下がって固定資産税も減少します。国や県からの財政支援も昔ほど手厚くないので**財政が悪化し、人件費を下げるため公務員の数は減少**していきます。

したがって、今後は、ＡＩやＩＴを活用した抜本的な業務効率化と生産性向上、事業者や市民（高齢者や障がい者も含む）にもまちづくりに汗をかいてもらう「協創」の取り組み、民間企業などへの業務委託のさらなる推進などが必要となります。また、コスト削減だけでは限界が見えつつある財政状況の中で、いかに公務員が「稼ぐ」かも考えていかなければならないのです。

※２　総務省調査：http://www.soumu.go.jp/main_content/000328098.pdf

3

身分保障の砦である終身雇用や年功序列はまもなく崩壊する！

「あなた方が公務員でいる間に、年功序列はもちろん、終身雇用も完全に崩壊する」

生駒市の職員採用説明会で、私は最初に受験生にこう伝えます。公務員を目指す受験生は、公務員をやめてもやっていける人材になる覚悟を求められる時代なのです。

公務員の終身雇用が必ず崩壊する理由

さすがに最近は、採用面接で「身分が安定しているから公務員を志望します」という受験者はいなくなりました。しかし今でも、公務員を志望する主な理由の1つに「安定した身分保障」を挙げる人は少なくありません。

確かに、地方公務員法第27条第2項には「職員は、この法律で定める事由による場合でなければ、その意に反して、降任され、もしくは免職されず（後略）」という身分保障に関する規定があります。しかし、民間企業が厳しい経済環境、国際競争にさらされる中、公務員だけがいつまでも終身雇用や身分保障に守られるはずがありません。

私は**公務員の終身雇用はこの15年くらいを目途に崩壊する**と見ていますが、それにはいくつかの理由があります。

第一に、単純にそれだけ多くの公務員を雇用し続けることができない財政状況になることです。前述したように、人口減少や行政課題の多様化などに伴い、自治体の財政状況は厳しくなります。その中で、新卒で採用した人材に対して、「40年先まで君たち全員を必ず雇用し続けます」と断言することはできません。

第二に、ＡＩやＩＴの普及や外部委託の増加により、職員がやるべき業務が大きく減少することです。窓口業務など定型作業をＡＩが行うようになれば、適正な職員数が今と大きく変わります。全職員の終身雇用を維持することができないのです。

第三に、今後の急激な社会変化や市民ニーズの多様化・専門化に対応するには、プロジェクトごとに外部から専門家を登用する必要があるからです。新卒で採用したプロパー職員を40年近く全員雇用し続けるのではなく、課題に応じて職員を一定割合入れ替えていく「流動的」「弾力的」な組織運営が不可欠になります。

年功序列はこうして崩れる

実際に、すでに職員採用に社会人経験枠を設けたり、年齢制限を撤廃するなど、より多様な人材を求める動きはすでに始まっています。法令で定められた仕事をミスなく遂行するには自治体組織の同質性が大きな武器となっていましたが、地方創生時代に新しい挑戦が求められる今、年齢に関係なく地域に付加価値をもたらすことのできる職員を抜擢したり、中途採用などによる多様な視点を組織に持ち込んだりして、**過度な同質性はあえて崩していくことがどうしても必要**になるのです。

また、終身雇用制度が崩壊するのですから、年功序列制度はもっと早期に見直されるはずです。これまでの自治体業務は、法令改正や国の新しい方針などに伴い、一定の変化はあったものの、ベテラン職員の経験がものをいう業務の割合がかなり高かったといえます。法令の執行事務や国からの依頼を大過なくこなす「減点主義」の業務が多かったからです。

しかし、時代は変わり、国が自ら「地方創生」を声高に叫ぶ現在、自治体が地域課題を、地域のリソースを活用して解決する「加点主義」の業務が確実に増えます。

そうなると、これまで自治体がやってこなかった新しい分野の取り組みをどんどんつくることとなるので、**ベテラン職員の知見が役に立たないケースが増えてくる**のです。それどころか、むしろ若い職員の前例にとらわれない感性の方が効果的な取り組みをつくり出せる場合も多く、また、前述のように、専門性の高いプロジェクトの期間だけ外部から公務員として招き、働いてもらうという雇用形態も増えるはずです。

したがって、人柄や高度のマネジメント能力を活かして、若手職員や外部人材の力を効果的に引き出せるベテラン職員は昇格し続けるものの、そうでない場合は、むしろ若手や中堅にしかるべき役職を任せたり、外部人材に相応のポストを用意して招聘することも考えなければ、これからの自治体はやっていけないのです。

逆説的になりますが、**公務員は、制度的に安定した地位を保障されているからこそ、それを土台に新しい挑戦をし、**現場に飛び出して、地域を活性化していく使命があると考えるべきなのです。そして、そのように挑戦した職員だけが、将来、終身雇用制度が崩壊したときも組織や地域から求められる人材となるのです。

4

自治体業務全体の民間委託が加速度的に進む?!

以前、「行政に任せることは最小限にして、市場メカニズムを活用する方が効率的、合理的」という「小さな政府」論がブームとなりました。今後、第2次の「小さな政府」論が大きな議論になると考えています。

「行政にしかできない業務」とは何か、が問い直される

「公務員でなければできない業務とは何か?」

AIなどによる抜本的な業務の効率化が進んでいくと、当然出てくる議論です。

例えば、情報システムの管理・保守の業務は民間事業者に任せた方が効率的であるとか、ITを活用して職員の給与計算や管理業務を改善できるなら業務自体を外部委

託にしよう、などの動きが出てくるはずです。

このような業務をまだ役所で行っている理由として、外部委託より内製化しておく方がまだコストが低いこと、セキュリティ関係業務は行政の方が安心、などが挙げられますが、ＡＩやＩＴの発展や他の自治体との共同運用などでコスト面の課題は近いうちにクリアされるでしょう。

「安心感」については、日本では意外と大きなハードルで、行政に対して厳しく批判する人でさえ、外部委託に対しては、未だに「行政でないと個人情報の管理に不安がある」などと考えていることが少なくありません。

しかし、生駒市をはじめ、いくつかの自治体では、市民課の住民票交付や各種証明書の発行など、個人情報を扱う窓口業務をすでに外部委託しています。そもそも、個人情報を取り扱う業務も民間事業者のＩＴ技術を使わないと運営できないのですから、**すべてを行政で行うという幻想はとっくの昔に終焉しています**。

秘密保持や情報セキュリティに関するルールと、違反時のペナルティ、チェック体制などをしっかりと整備できれば、個人情報を含む業務であっても外部委託してはいけない理由はもはや存在しません。

米国サンディ・スプリングス市の衝撃

2009年に1冊の本が出版され話題となりました。『自治体を民間が運営する都市　米国サンディ・スプリングスの衝撃』（時事通信社）です。米国のジョージア州に新たにできたサンディ・スプリングス市は、消防と警察以外の業務をすべて民間事業者であるCH2M HILL OMI社に委託したことにより、市役所の職員はなんと9人。

2006年1月1日に始まったこの挑戦は、12年以上経つ現在も改善を加えながら継続・発展しています。それどころか、サンディ・スプリングス市の成功により、同様の試みが他の自治体にもに広がっており、1つの市の業務を丸ごと1つの事業者に委託するのではなく、近隣の自治体が連携して、業務ごとに民間事業者に委託することで、規模のメリットも出しながら、より専門性の高い事業者に業務運営を委託することができるようにもなっています。抜本的な形の外部委託による市政経営が進化しているのです。

一方で、このような取り組みが「富裕層とそれ以外との分断を促すのではないか」

「採算のとれない行政サービスが明らかに低下している」とする意見もあり、トランプ政権の誕生とともに改めて議論が高まっています。

いずれにせよ、行政への役割や期待がまだ強いわが国において、職員数が９人の市が今すぐできる可能性は小さいでしょう。しかし、**ＡＩの発展も視野に入れながら、業務の大部分を外部委託するという選択肢は持っておかなければなりません**。いきなりすべての業務を委託することはできなくても、一部の部や課の業務を大胆に外部委託できないか、ゼロベースで検討を始めることが必要とされるからです。

市民ニーズの多様化・複雑化に、社会保障費の驚異的な増加など、財政が厳しさを増し続ければ、小手先の改善や業務仕分けなどだけでは追いつかない時代が必ず来ます。市民やメディアからも行政コストの削減が強く求められ、新たな「小さな政府」ブームが来るかもしれません。

だからこそ、自治体も「稼ぐ」力をしっかりつけることに加え、サンディ・スプリングス市のような事例すらタブー視せず、今までの常識を疑いながら未来の自治体経営のあり方を模索する覚悟が求められます。

5

庁舎がなくなる！
公用車もなくなる！

「まちは元気がなくなっているのに、市役所だけは豪華で立派」と揶揄されることも多いのが市役所の庁舎です。

しかし、今後、自治体の庁舎はなくなるか、市民や事業者との共有スペースになっていくと予想されます。職員数の減少やテレワークの進展に加え、未来の庁舎は行政職員だけが集まる場所ではなく、「協創」の発想のもとで多様な市民や事業者と行政職員が集まり、その中から新しい挑戦や企画が出てくる拠点になるからです。

自治体の庁舎がなくなる理由

これからの時代、自治体業務は大幅に削減され職員数も減少傾向となります。同時に、各種の資料がどんどん電子化されるので紙媒体を補完する膨大なスペースも不要となるうえ、オフィス改革により１人にひとつ机を用意することもなくなるので、これまで使っていたスペースのかなりの部分が今後は不要になります。

そして、働き方改革の流れの中でテレワークを利用した柔軟な働き方が進むことから**「全職員が、決められた時間に決められた場所に出向き、同じ空間で仕事する」という常識が一気に崩れます**。全員が庁舎に来ることがないのですから、そんなに大きな空間は必要ありません。

これらの効果と自治体を取り巻く厳しい財政状況を重ね合わせれば、今後、自治体専用の新しい庁舎を建設する意義は小さくなり、最低限の業務を行うスペースを借りれば十分ということになります。

そうなれば、すでにある庁舎も行政の業務だけで使用する必然性はなくなるので、空いたスペースは、市民や事業者が利用できるコミュニティの場やコワーキングスペースとしての利用など、施設の複合化が進行するでしょう。

庁舎がなくなったり、複合化することは寂しい気もしますが、見方を変えればプラスの側面もあります。例えば、近年、Yahoo!やサイボウズなどのＩＴ企業をはじめとして、社員が働きやすく、クリエイティブなアイディアが出やすいオフィス環境の整備に莫大なコストや知恵を投入する企業が増えています。中には単に社員の利用だけではなく、外部の人材も作業ができるようスペースを開放し、集まった人たちの化学反応を起こすことまで考えて環境設計し、仕掛けをしている企業もあります。

このことを考えれば、自治体のワーキングスペースが事業者や市民と同じ空間にあることの意味はこれまで以上に有意義になることは間違いありません。

単に財政が厳しいとか、職員が減るから、という理由だけではなく「協創」を進めるために、**自治体の庁舎内にコワーキングスペースを開放したり、民間のスペースに自治体の機能を置く**ことが当たり前の時代になるのです。

シェアリングエコノミーと行政の素敵な関係を創る

最近のトレンドの1つに「シェアリングエコノミー」があります。

生駒市も子育てシェアの株式会社ＡｓＭａｍａと全国で初めて協定を締結するなど積極的な活用を図っています。「シェアリングエコノミー」とは具体的にいえば、車や家などの「物」を独占的に所有するのではなく、他の人と共有したり、時間に余裕のある方に家事支援などのサービスを受けたりと、従来有効に使いきれなかった資産や労働力、時間などを相互に有効活用して新しい価値を生んでいくことです。

背景には、ＩＴの普及により個人と個人が効率的につながることができるようになったことが挙げられます。個人が一方的な支援を受ける場合もあれば、子育てシェアのように個人がサービスの受け手にもなれば担い手にもなるという場合もあります。

そうなれば、自治体も庁舎だけでなく、**公用車をはじめとする行政保有資産を民間企業や市民とシェアすることが可能**です。逆に、民間企業などが有する資産やマンパワーをシェアしてもらい、公用車などを保有しないという選択も可能になります。

自治体の今後のサービスのあり方として、シェアリングエコノミー各社のサービスを地域で利用可能にし、その活動を側面から支援していくことが不可欠になります。

行政が大きなコストをかける必要はありません。このようなサービスがあることを市民に広く周知し、時間やマンパワー、車や不動産などの資産に余裕がある人が、そうでない人に資産やパワーをシェアして対価を得るというコミュニケーションを増やしていけば、それだけで市民満足度は上がります。行政は広報等による周知や必要に応じて、市民同士のつながりを促進するような支援をすれば良いのです。

6

役所から紙の山が消える?!

役所といえば、高く積み上げられた「紙の山」が代名詞。

しかし、そんな光景も近い将来見られなくなるかもしれません。ITや音声認識などの発達により、紙媒体による事務作業や記録の合理性が低下するほか、オフィスの業務環境の改革によって、そもそも「自分の机・棚」という概念が消滅し、紙を積み上げる場所がなくなるからです。

インターネット利用者数の爆発的な増加

2017年度版の情報通信白書によると、2016年のインターネット利用者数は、1億84万人で、人口に占める普及率は83・5%となっています。[※1]

行政の世界では、残り16・５%の市民がいる限り、紙媒体を完全にはなくすことはなかなか難しいのですが、市民のＩＴリテラシーの向上を受け、行政による情報発信や市民とのコミュニケーションにＩＴを利用することが増えています。

広報紙も電子化してホームページにアップされるほか、また、広報紙には載せきれない情報がどんどんインターネットで発信されています。

働き方改革が電子化を促進し、オフィス環境を一変させる！

今、急速に進行している働き方改革も、行政の電子化と強い相関があります。

例えば、家や出先でも仕事ができるテレワークの導入は、介護や育児世代の働き方改革の柱になる重要な取り組みですが、そのためには無駄な紙の使用をやめ、可能な限り情報を電子化し、システム上で共有することが必要です。したがって、資料は電子化され、決裁も電子決裁となるので、役所や倉庫から紙の山はなくなっていきます。

※１　http://www.soumu.go.jp/johotsusintokei/whitepaper/ja/h29/html/nc262120.html

実際に、2013年度に55・3％だった国の各省の電子決裁率は、「世界最先端IT国家創造宣言工程表」（2013年6月14日高度情報通信ネットワーク社会推進戦略本部決定）や、それに基づく「電子決裁推進のためのアクションプラン」などの取り組みにより、2016年度には91・4％と大きく進展しました。この流れは一部の自治体にすでに波及しており、**今後は多くの自治体で電子決裁が導入されていくはずです。**[※2]

また、働き方改革の大きな要素として「働く環境の整備」があります。総務省やいくつかの自治体では、フリーアドレスの採用による職場レイアウトの合理化（紙媒体の削減、備品購入費用の低減効果も）はもちろん、大型ディスプレイを活用して、テレワークにも対応した効率的な打合せの実施などの取り組みが進んでいます。[※3]

このように、**ITを活用することで、紙がなくなるのみならず、公務員の職場環境は改善**され、業務は効率化していきます。

こんな業務でも紙の書類が消えていく！

政府が普及を進めているマイナンバーカード。生駒市でも普及に尽力し、全国800近い市・特別区の中で第8位の交付率となっていますが、日本全体で見ると交付率はわずか10・７％（２０１８年3月1日現在）。カードを活用した便利な機能もまだ限定的でメリットを感じられないことも交付が進まない原因でしょう。

前述したエストニアでは、15歳以上の国民全員に電子ＩＤカードが交付されているので、各種証明はオンラインで取得できます。証明書の発行が必要ないため、無駄な紙の使用はなくなっています。

日本でも、いくつかの自治体では独自の取り組みにより、マイナンバーカードが図書館カードや公共施設利用カード、地域通貨や各種ポイントとして利用されています。こうなれば、財布がいろんな紙のカードでパンパンになることもなくなります。

現在、行政計画をつくるときなどには大量の資料を郵送で送付して市民アンケートを実施していますが、今後はインターネットを通じて市民ニーズの把握や市政に対する賛否を直接確認することが可能となるでしょう。

ＩＴを活用することで、市民とのより効果的、効率的なコミュニケーションが可能となることから、**紙の書類が消えていくことは政策決定過程の変容をもたらす可能性**を秘めているのです。

※２　平成28年度政府における電子決済の取組状況：http://www.e-gov.go.jp/doc/pdf/denshikessai.pdf
※３　総務省「オフィス改革」：http://www.soumu.go.jp/main_sosiki/gyoukan/kanri/office_kaikaku/index.html

7 オープンデータで公共サービスは市民がつくり出す時代になる！

「自治体の力だけで、多様化する地域課題や市民ニーズのすべてに応えることは不可能な時代です」

私は、生駒市民を前にこのようにはっきりと伝え、行政が市民や事業者、大学などと連携し、地域課題や市民ニーズに対応する「協創」の取り組みを進めています。

最近は、行政が公開したデータを市民主体で活用し、地域課題や市民ニーズに応えるサービスを整備していく〝Civic Tech〟の動きが活発になっています。

オープンデータが自治体の政策づくりを変える

最近よく聞く言葉に「オープンデータ」があります。行政が保有するデータについて、個人情報など公表すべきでない部分を除き、誰もが自由にアクセスし、活用できる環境を整えるものです。

生駒市でも２０１７年にオープンデータのポータルサイトを立ち上げ、現在は２６９のデータセットが公開されています（２０１８年8月17日現在）。

オープンデータの意義として、**行政がやっていることを「見える化」**して、透明性と市民からの信頼性を高めることが挙げられます。また、施策を立案するときに、経験や勘ではなくデータなどの科学的な根拠に基づいて進めることは、ＥＢＰＭ（〝Evidence-based policy making〟根拠に基づく政策立案）といわれ、近年重視されています。

これに加え、**データを活用して、行政以外の主体が、積極的に自分や他の人に便利なアウトプットを生み出す**ことができるのも、オープンデータの大きな意義です。

こんなにある！　オープンデータの活用事例

では、実際にどんなデータからどんな活用事例が生まれているのでしょうか。

石川県金沢市で活動する日本初のシビックテック団体「Code for Kanazawa」が作成した「５３７４（ゴミナシ）」というアプリがあります。「どの地域」で「どのゴミ」が「いつ」収集されるか、のデータを行政が公開し、IT技術者などがアプリにしたもので、すでに生駒市をはじめ全国で利用されています。自宅のある地域を選択すれば、その地域の「次の資源ごみの収集は3日後」とか、「有害ごみに分類されるものは何か」などが一目でわかります。

生駒市の給食の献立データからは、奈良先端科学技術大学院大学の学生の力によって、生駒市発の「4919（食育）」というアプリができています。このアプリは、市内の学校で提供されている給食の献立をスマホでチェックできるので「昼も夜もカレーライス」という事態を未然防止できるだけでなく、摂取カロリーや栄養バランス、さらにはアレルギーの原因物質の有無なども確認できます。将来的には、保護者が子どものアレルゲン物質をアプリで登録しておけば、アレルゲンを含む献立がある日の朝に保護者に注意喚起メールが届く仕組みの実装も検討していただいています。

生駒市と民間企業のカレンダーアプリ「ジョルテ」とのコラボも実現しています。人気のカレンダーアプリ「ジョルテ」に、生駒市のイベント情報などを提供することで、地域オリジナルの情報を組み込んだ「生駒市カレンダー」がジョルテで利用できるようになりました。これを使えば、生駒市民はイベント日程をいちいち市のウェブサイトで確認する必要はなく、ごみ収集日や給食の献立も一目でわかるのです。

このほか、市のコミュニティバスの時刻表を提供したことで、人気アプリ「乗換案内」で生駒市のコミュニティバスの時刻や経路等の検索が可能となっています。

このようなオープンデータの活用以外にも、ＩＴを活用して市民にまちづくりへの協力をお願いする取り組みを展開しています。例えば生駒市では、「Fix My Street」というアプリにより、スマートフォンを利用して、地域の問題となる場所（道路の損傷、倒木、ごみの散乱など）を写真にとって若干の説明を加えると、ＧＰＳ機能で場所が特定され、市役所の担当課に送信されるサービスを行っています。

認知症の方の靴に発信機を装着し、専用の信号受信アプリを市民がインストールすることで、認知症の方が行方不明になったとき、Bluetooth機能により、市民のスマホで信号をキャッチし、居場所の特定に協力できるサービスもあります。

このように、オープンデータやＩＴの進展が、これからの市民と行政の「協創」のまちづくりを効果的に進めるために重要な役割を担っていきます。

したがって、**これからの公務員は、ＩＴによる行政からのサービスや情報の提供に対応し、活用できるＩＴスキルを持つことが当然となります。**

参考　生駒市の便利なアプリ：http://www.city.ikoma.lg.jp/category/1-4-14-0-0.html

新規・廃止事業ヒアリングでリーダーシップを発揮

COLUMN ①

生駒市では、毎年秋、予算査定が始まる前に、新規事業ヒアリングを実施しています。職員は夏の間に地域に飛び出し、いろんな方の話を聞きながら、地域課題の発掘はもちろん、解決に力を貸してくれる市民などを探します。その成果を秋に取りまとめ、課内や部内で議論したうえで、市長・副市長がヒアリングを行います。

新規事業にはなるべく予算をつける方針を示した結果、最近は新規事業が大幅に増加し、事業の新陳代謝が高まっています。

もちろん、新規事業ヒアリングの結果、不採択になる事業もありますし、一部見直しをされる事業もあります。逆に、他のアイディアを入れて内容を拡充する場合もありますし、新規提案が不十分な部や課には再検討を指示することもあります。

一方、新規事業を増やし続けると限られた市の予算や人材では対応しきれませんから、新規事業ヒアリングと同時に、廃止事業ヒアリングを行います。ただし、事業を廃止するのは新しい事業を企画・実施する以上に大変です。必要性が低下していたとしても、その事業を喜んでいる市民、なくなると困る市民がいるからです。

そこで、生駒市では、廃止した分の財源を部や課の別の取り組みの予算に充当することを認めたり、新規事業も基本的には3年間で軌道に乗らなかったら見直しや廃止するというサンセット的な条件を付け、業務量が無限に増大することを防いでいます。

単に昨年と同じ事業だけをしていては後退しているのと同じです。新しい事業に挑戦する組織を創るには、組織を挙げて新規事業を推奨し、業務の見直しも促していくことがこれからの自治体にとって重要です。

第2章

公務員試験はなくなり、公務員の副業が当たり前になる

1 公務員は、なりたくない職業になってしまうのか?!

子供が就きたい職業にYoutuberが登場するなど、大きな時代の変化にあっても公務員の人気は健在です。大学1、2年生を対象にした就職したい企業・業種ランキングで、国家公務員と地方公務員は、2018年度もトップ1、2となっています。[※1]

しかし、公務員を取り巻く環境が激変する中、将来も公務員人気は安泰なのでしょうか。公務員は胸を張ってお勧めできる職業であり続けるのでしょうか。

公務員は根強い人気だが……

公務員人気は健在ですが、人気になっている理由が「身分が安定しているから」「福利厚生がちゃんとしているから」だとすれば、それは過去の話です。

第一に、これから公務員の終身雇用は崩れていくので、安定を求めて公務員を目指されても、それに応えることはできないからです。**これから公務員になる人が、同じ組織で定年を迎えられるかどうかは誰にも保障できません。**

第二に、安定だけを求めて公務員になるような職員は、地域の発展には不必要だからです。大過なく毎日を過ごし、与えられた仕事をミスなくこなすだけで変化をつくり出そうとしない従来型の公務員では、市民や事業者からそっぽを向かれ、力を合わせて地域課題や市民ニーズに対応していくことができません。

逆に、**公務員を辞めても食べていけるだけの専門性やリーダーシップを身につけていく公務員**こそが、これからの地域の発展や激しい変化に柔軟に対応できるのです。

公務員の人気はなくなるのか？

では、終身雇用がなくなっていく公務員の人気はこれから一気に低下していくのでしょうか。

※1　リスクモンスター（株）調査：https://news.mynavi.jp/article/20180402-610200/

私の答えは「ＮＯ」です。ただし、自治体が「市民と本気で連携して、新しい取り組みや変化に挑戦する組織に変われるのなら」という条件付きです。

私は、採用説明会で「あなた方が公務員でいる間に、年功序列はもちろん、終身雇用も完全に崩壊する」といい続けています。もちろん、単に「終身雇用がなくなる」だけではなく、「生駒市であれば若いうちから新しい業務に挑戦できる」という成長の機会や「市民と行政の協働に汗をかいてもらう」という現場に密着した形でまちづくりに貢献できるイメージをしっかりと伝えます。

そうすれば、「終身雇用がなくなる」という現実を、受験生は冷静かつ真剣に理解するだけでなく、「時代の変化を踏まえて、新たな取り組みに挑戦できる」と前向きに考えてくれます。

終身雇用でなくとも、しっかりと成長し、自分の将来を切り拓いていくことができる、と感じてもらえるような自治体の人気は（保護者の人気は下がるかもしれませんが）、今後も下がることはありません。事実、生駒市を希望してくれる採用試験の受験者数は増え続けています。

ワーク・ライフ・コミュニティの時代が来る！

公務員がお勧めの仕事である理由は、上記以外にもあります。それは、地域（コミュニティ）とのつながりが自然と広がる仕事だからです。

私は、仕事人間はもちろんのこと、ワーク・ライフ・バランスも時代遅れと主張しています。これからは、家庭と仕事に加え、「地域（コミュニティ）」が大切になることから、「ワーク・ライフ・コミュニティの融合（ハーモニー）」と呼んでいます。

公務員、特に市町村職員として働いてきた人は、地域にたくさんの知り合いがいるはずです。**市役所にこもらずに市民に積極的に会うために地域に飛び出していた職員は、素敵な人とたくさんつながっています。**このかけがえのない財産を、日常生活や地域活動、コミュニティビジネスなど、さまざまな活動に活かしやすいのが公務員、とりわけ市町村職員の強みなのです。

まちづくりに携わったまちで、素敵な人とのコミュニケーションを楽しみながら暮らし続けたいという方にこそ、市町村職員はお勧めの職業となるのです。

2

公務員試験はなくなり、「公務員志望」「民間志望」は死語になる！

生駒市では、公務員試験を廃止しています。技術職員の専門試験や消防職員の体力試験以外はSPI3を活用し、面接重視の試験に大きく舵を切りました。

採用ポスターによるPR戦略に加え、試験時期を全国で一番早くし、採用説明会に本気で取り組んだことなどもあり、今や生駒市を志望する学生は毎年1000人以上となり、倍率では全国トップレベルです。採用先進自治体と呼んでいただけるようになり、優秀な人材が集まっています。

「公務員試験」廃止の自治体は増え続けている！

これらの取り組みがメディアでも取り上げられ、今や多くの自治体が従来の筆記試験偏重型の公務員試験を廃止して、ＳＰＩ３を導入しています。２０１７年３月１日からの４ヶ月間で採用試験にＳＰＩ３を活用した自治体（一部公益法人等を含む）の数は１８０に膨れ上がっています。これまでのような「公務員試験」を実施する自治体がどんどん減っていくことはすでに明らかです。

逆にいえば、未だ多くの自治体で公務員試験を実施していますが、法律などの知識を問う専門試験ならまだしも、公務員試験でしか出題されないような特殊な問題が出される教養試験の意味は低下しているように思います。

そうであるならば、試験は民間企業と同じＳＰＩ３で十分です。公務員にも民間企業にも関心がある受験生が、公務員試験の対策に膨大な時間がかかるというだけの理由で仕方なく公務員受験をあきらめている現状はあまりにももったいないことです。この点を見直すだけでも公務員試験の受験者数はかなり増えます。

そもそも、私は「民間志望」「公務員志望」という分け方に違和感を持っています。むしろ「民間企業も公務員も受験してます」といわれる方が自然な感じがします。「公務員」と「民間企業の社員」は二律背反する概念ではなく、必要な力、やりがいを感じる部分など、多くの共通事項があるからです。

公務員試験受験者には民間企業のことも知ってほしい

私は、採用説明会などで話をするとき「公務員志望の人も時間が許せば、民間企業のことを調べたり、説明会にも参加した方が良い」と助言しています。

逆も同じで民間企業を目指す学生も、行政に少しでも興味があれば説明会に参加した方が良いでしょう。説明会やインターンは効率的にその仕事を知る貴重な機会。就職してからこんなはずではなかったと後悔するリスクを少しでも減らすには、いろんな業界や仕事をたくさん知ることが必要で、採用説明会はその最高の機会なのです。

一昔前なら「公務員はまじめで事務能力の高い人を求めている」「民間企業の営業職は体育会系の元気な人を求めている」といわれていましたが、公務員にも営業力のある職員は必要ですし、民間企業のようなスピード感や稼ぐ力が不可欠です。

民間企業でもCSV（〝Creating Shared Value〟ハーバード大学のマイケル・ポーター教授が提唱した概念で「経済的価値を創造しながら、社会的ニーズに対応することで社会的価値も創造することを意識した経営」）など、公共を意識した企業経営が重要となっています。

このように、行政機関と民間企業の垣根は低くなりますし、相互理解が進むことで官民を超えた連携や社会への付加価値の創造が進展することから、**「民間企業志望」「公務員志望」という言葉は死語になっていく**し、そうしなければなりません。

米国の就職人気ランキングは、企業だけでなく、各省庁、ＮＰＯ法人などすべての職種を対象としたものとなっており、これも官民の壁が低いことを示しています。

これからの公務員は終身雇用が保証されず、人生の途中での転職もありえるのです。だからこそ、**官民の壁を低くして、官民どちらでもしっかり活躍できる人材を効果的に活躍させる環境整備が進む**と考えられるし、確実にそのような労働環境が整備されていくと見ています。

私が採用する側の立場で考えた場合、１つだけ確かなことがあるとすれば、行政機関も民間企業も「いろんな職員がほしい」ということでしょうか。多様性ある人材を確保した組織がこれからの厳しい時代に、変化に対応しながら生き残ることができるからです。

この視点で見ると、公務員のもろさになっているのが「過度の同質性」です。公務員以外の仕事を経験している人などを積極的に採用し、この組織の同質性を少し乱していく取り組みは確実に進むことでしょう。

3

リボルビングドアでの採用が増え、公務員の転職が当たり前になる！

リボルビングドアとは「回転扉」。公務員からＮＰＯ法人の職員、そして民間企業へ、といった業種の壁を越えていろんなキャリアを積んでいくことです。転職することが珍しくない米国などでは比較的当たり前のことですが、日本では公務員の転職自体がまだまだ珍しいので、リボルビングドア的なキャリアを持つ人はまだ少数派でしょう。

しかし、今後はこのようなキャリアの積み重ね方は、わが国の公務員にとっても他人事ではなくなっていきます。

ベテラン職員にしかできない業務は減っていく！

行政の世界でも外部から人材を招いたり、スキルを持った社会人経験者を積極的に採用したり、と多様な人材を求める動きが活発化していきます。

新卒で採用したプロパー職員を40年近く全員雇用し続けるのではなく、30代から40代の人材のＩターン、Ｊターン、Ｕターンを積極的に採用するなど、課題に応じて職員を一定割合入れ替えていく「流動的」「弾力的」な組織運営が今後不可欠となるでしょう。

その際、民間企業の貴重な人材に「公務員としてのキャリアを積むのも悪くない」「それだけの価値がある」と感じてもらわなければなりません。給与やポストなどの待遇面はもちろんですが、行政での経験にもやりがいがあり、また、その後の仕事や人生においてプラスになると感じてもらえないと、本当に地域課題の解決に役立つ人材は来てくれません。

そのためにも、行政が組織を挙げて、地方創生や新しいことに積極的に取り組む組織風土を醸成していくことになるでしょう。これまで自治体がやってこなかった新しい分野の取り組みをどんどんつくることとなるので、ベテラン職員の知見だけではなく、若い職員の視点や、**公務員の常識にとらわれない外部人材の方が効果的な取り組みをつくり出し、実施できる可能性も高くなります**。

前述したように、これまでの自治体業務は、組織の同質性が大きな武器となっていました。しかし、今後は、同質性を武器にしたベテラン職員よりも、経験の少ない若い職員にとって活躍のチャンスが増えていくことは確実です。

民間企業でも活躍できる公務員を目指せ

では、公務員が民間企業などで活躍するにはどうしたらよいでしょうか。

これも特別なことではなく、民間企業と同じで、課題発見能力、そして行動力も含めた課題解決能力がある公務員を目指して全力で仕事することです。法令に決められたことや上司の指示に対応するだけでなく、自分独自の動きやプロジェクトを持って新しい価値をつくり出すことができる人は民間企業でも十分やっていけます。

公務員として市民を巻きこみながら活動をした経験を持つ人や、行政という世界に精通し、公務員の行動様式などを理解している人は、CSV経営を進めたり、地方創生をビジネスチャンスにしようとしている企業にとって貴重な知見になります。

一方、**終身雇用を保証できないこれからの自治体にとっては、採用した人が辞めても食べていけるように、成長や挑戦の機会を提供する責務を負っています。**

「10年目までは若手職員」というようなのんびりした自治体の組織も少なくありませんが、このような育成方法では、民間企業では雇ってもらえない人材となってしまいます。**入庁して2、3年こそが勝負**と考え、若手職員が1人でしっかりとプロジェクトを立ち上げ、進行管理や各種調整・折衝の経験を積むようにしなければなりません。

理想は、民間企業などからどんどんオファーをもらえるような職員に育ちながらも「生駒市の仕事が面白いし、成長の機会もやりがいもあるので辞めません！」といってもらうことですが、万が一優秀な職員が退職しても良いのです。全力を尽くして採用し、育ててきた優秀な職員が辞めていくのは本当に辛いことです。しかし、**他の世界でも活躍できる人材を育てられる組織には優秀な人材がどんどんやってきます**。「辞めても食べていけるほど成長や挑戦の機会がしっかりある組織」だと、活躍している元職員が証明してくれると考えれば良いのです。

公務員は「転職」とは縁が少ない仕事だったかもしれませんが、これからは公務員への転職、公務員からの転職を成長の機会として考える人も増えてくるはずです。お互いにとってプラスだと認識が進めば、官民双方の視点からリボルビングドア的なキャリア構築が増えていくかもしれません。

4

自治体が公務員の副業を推進する！

「公務員は副業してはいけない」と長年信じ続けられてきました。

しかし、地方公務員法をはじめ、どの法律を読んでも、公務員が副業することを禁止する規定は見当たりません。本業に真摯に取り組んだうえで、任命権者の許可を受け、本業の権限や知識を副業に悪用したり、利害相反行為になったりしなければ、地域活動を行うことに何の制限もないばかりか、適切な額の報酬を受け取ることも可能です。むしろ、地域に飛び出す活動をもっと積極的に推奨するのが、自治体の責務ともいえるのです。

生駒市は、すでに副業を解禁し、奨励しています。

生駒市が副業を推奨する理由

生駒市役所が、全国に先駆けて職員の副業を促進している最大の理由は、市民にもまちづくりのために汗をかいてもらう市政方針を打ち出している以上、**市町村職員自身が「一市民」として、しっかり地域に飛び出し、活動に汗を流さないと他の市民に対して説得力がない**からです。

また、地域に飛び出す活動が、公務員の本業にプラスになることも少なくありません。そこで、一定の基準を満たせば報酬を得ることも問題ないという方針を明確にすることで、地域に飛び出す活動を積極的に応援しようと考えたのです。これからの自治体や公務員には、市民や事業者と協働して、地域の課題に対応する意識と行動が不可欠です。

そのうえで、地域の面白いアイディアを持っている人、まちづくりに汗をかいてくれる人、優れた技術や人脈を持っている人などと知り合って、信頼関係を築き、ともにまちづくりをやっていく「チーム」を創ることが大切です。私はこれを「協創」の力、と呼んでいます。

「協創」のためには、自治会活動、ＰＴＡ、音楽やスポーツなどの趣味の活動、ごみ清掃、ラジオ体操など、「地域に飛び出す」ことが重要なのであって、謝礼や報酬を伴う副業という形でなくても良いのです。

しかし、同じ地域活動をして他の市民が謝礼を得る場合でも「公務員だから謝礼をもらってはいけない」「渡す必要がない」と思い込んでいる市民がほとんどであり、公務員自身もそう考えています。生駒市では、そのような誤った認識を打破し、公務員が地域活動を気持ちよく行えるよう、地域活動を行って報酬を得ることが可能となる基準を定め、その基準に沿って任命権者が許可を行う、とあえて明確にして公表したのです。

「組織」に属しつつも「個人」で勝負できる職員になる！

わかりやすい例でいえば、私は、各地域から依頼を受けて講演できるような職員をたくさん増やそう、と思っています。講演に呼ばれるのは、その分野の専門家であり、現場に精通していると認められたことの証左です。講演の機会を得ることで職員の学びとなり、モチベーションも上がって、一層の活動の発展への意欲も高まるのです。

しかし、このような講演を引き受けても公務員であるがゆえに交通費支給だけで謝礼なし、という場合がかなりあります。講演をするには準備が大変です。講演に行っている時間、仕事はたまっていきますので、講演の前後は激務になります。したがって講演をお願いする以上、公務員であっても交通費に加えて謝礼をお渡しするのは当たり前です。こういうちょっとしたお金の問題で、講演に行く機会が減ったり、地元の子どもにスポーツを教えるコーチを続けられなくなったりするのは、地域、職員本人、自治体組織にとって大きな損失です。

公務員は税金から給料をいただいていますが、**本業をしっかりとやっていれば、他の活動から謝礼や報酬をもらうことに何の問題もなく、むしろ、推奨されるべきです**。地域に飛び出し、報酬をもらえるだけの活動をする公務員をもっと増やしていきたいですし、間違いなく今後そういう公務員が増えていくはずです。

これからの時代は、単なる組織の「構成員」としての働き方は縮小し、組織に属していたとしても、**自分の専門性を磨き、「個人」として勝負する**要素が強まっていきます。第5章で述べるさまざまな力や意欲を備えた「スーパー公務員」とも呼ばれる一部の自治体職員は、すでに、各自治体などに属しながらも、日本中、世界中の関係者とつながり、地域内と外を結ぶ独自の活動を展開しているのです。

5 「専業公務員」は少数派になる！

本業以外の時間を活用した公務員の「副業」に加え、将来的には、本業として、公務員も、公務員以外の仕事もやる「兼業」「複業」も出てくるでしょう。

半分公務員、半分それ以外の仕事という「半公半X」。多用な課題に対応するため、多様な働き方が当たり前になっていく中、公務員もその例外ではなくなっていくでしょう。「専業」の公務員の方がレアな存在になるかもしれません。

「半○半△」の生き方を見習おう！

「半農半X」という生き方があります。

京都府綾部市在住の塩見直紀さんが提唱している生き方で、自分や家族が食べる分の食料は小さな自給農でまかない、残りの時間は農業以外で自分のやりたいことに費やすという生き方です[※1]。

このような生き方が特に若い世代に共感を呼んでいるようですが、私はこの考え方はさらに発展し、「仕事を複数持つこと」「ワーク・ライフ・コミュニティの融合」とも関係して、「働き方改革」から「生き方改革」につながる示唆を与えてくれているように感じています。

まず、「仕事を複数持つ」ことについては、塩見さんのように半分が農業であっても良いですし、半分が会社勤めであっても良いと思います。地方公務員法の改正など制度的な手当が必要になるかもしれませんが、将来的には週に３日は公務員をしながら、週２回は、例えば、ＮＰＯ法人、英語教室、農業、お店の経営、講演や執筆活動などに従事することなども考えられます。

育児や介護が大変な時期は週３日でもＯＫという柔軟な働き方ももちろんありでしょうし、複数の自治体で働く公務員も出てくるかもしれません。

今でも、民間企業の方や専門家が、嘱託職員のような形で週に１、２日公務員とし

※1　https://plaza.rakuten.co.jp/simpleandmission/

て勤務することはありますが、逆に**公務員も民間企業やNPO法人などで週に1、2日働くような働き方は増えてくるでしょう。**

すでに公務員が1、2年間限定で民間企業に派遣されることがあるのですから、今後は公務員にもこのような多様な働き方を認めることが時代の流れでもあり、社会全体にとっても意味のあることだと思います。

「ワーク」と「ライフ」と「コミュニティ」の境界がなくなる!

半農半Xの意義の2つ目は、ワークとライフを二元論的に分けることではなく、ワークとライフ、そしてコミュニティの境界が曖昧になり、良い形で融合していくんだ、ということを示唆している点にあると考えています。

しかし、これは何も農業だけの専売特許ではありません。また、公務員、特に市町村職員も、仕事の中から地域との関係が生まれる特殊かつ興味深い仕事です。

具体的にいえば、市町村の職員が仕事を通じて地域を知り、地域で活動する市民団体のイベントに家族とともに出かけ、自分もその活動に参加したり、子育てサークルで家族とともに育児を助けてもらったり、子どもが大きくなったら逆にサークル活動に貢献したりすること。これがまさに「家庭」と「仕事」と「地域」の融合です。

人生100年時代ともいわれる高齢化の時代だからこそ、働いている人は65歳前後で人生のステージがまったく変わる、という「ワーク」中心の生き方ではなく、現役時代から家庭はもちろん地域も意識して行動することで、スムーズに地域に軸足を移していくことができます。

市町村から、**従来のワーク・ライフ・バランスを超えた「ワーク・ライフ・コミュニティのハーモニー」を実践**していくことが、豊かな人生をすごすうえでも、地域のまちづくりにおいても大切になるのです。

常識を突破する！
地域に飛び出す副業制度

COLUMN ②

自治体の古い常識を突破した生駒市の事例として、「地域に飛び出す職員を支援する副業制度」があります。

これまで自治体職員は、いわゆる「副業」をしてはいけない、といわれ、それを鵜呑みにしてきました。しかし、任命権者の許可があれば職員が副業することは可能です。もちろん、本来業務への悪影響や利害関係があってはなりません。また、現時点では業務時間外に行うのが適切でしょうし、NPO活動やまちづくり活動など、一定の公益性を有した業務からスタートする方が良いかもしれませんが、副業自体を一律に禁止する必要はまったくありません。

むしろ、新しい公共の動きなども踏まえ、ＮＰＯ法人での業務や、スポーツ・文化活動でのまちづくり活動などを通じて正当な報酬を得ることは当然認められるべきです。はるか昔にできた制度や解釈が社会の変化にまったく追いついていないのに、それを誰もおかしいと思わず、変えようとしなかったことこそが大きな問題なのです。

国家公務員の副業等に関する人事院規則では、農業や不動産賃貸業などは認められてきましたが、これらの事例だけに限定する合理性はすでになくなっています。時代遅れな常識に惑わされず、生駒市では、「自治体職員は市民のために汗をかく」というこれまでの常識に対し、「市民ニーズに応えるだけでなく、市民にも汗をかいていただいた方が、まちづくりも進むうえに、市民の満足度や定住希望率が高い」という「自治体3.0」のまちづくりを進めています。

「自治体3.0」は自治体が避けて通れない未来の姿であり、自治体職員も一市民としてまちづくりを楽しんでもらいたいと思います。

生駒市では、地域に飛び出す公務員をどんどん応援していきます。

第3章

自治体は経営だ！稼ぐ自治体が台頭する

1

コストカットだけではない「真の行政改革」が始まる！

多くの自治体は、すでにコスト削減に取り組んでいます。事業仕分けを行い、予算編成にシーリングをかけ、多くの反発を受けながらも各種補助金の見直しやごみ収集の有料化などさまざまな取り組みを進めています。また、ファシリティマネジメントなど、公共施設の合理化や見直し、官民共同利用なども避けては通れません。

それでも、高齢化による社会保障関係経費は、一般会計予算が約350億円の生駒市でも年間約2億円ずつ増加していきます。コスト削減だけでは対応しきれず、歳入を増やす（稼ぐ）ことを考えずして市政運営は成り立っていかないのです。

コスト削減だけではもう対応できない！

行政改革、という言葉を聞いて皆さんはどんなイメージが頭に浮かびますか？

おそらく多くの方は、人員やコストの削減、無駄な事業の見直し・廃止、業務の外部委託などを想像したのではないかと思います。

しかし、これからの時代、高齢化に伴う急激な社会保障費の増加などに対応するには、**行政コストの削減に加え、しっかりと「稼ぐ」自治体になることが必要**です。

歳入面でも、多くの自治体では、今後、人口減少による住民税の減少、住宅の経年劣化による固定資産税の減少などが顕著になります。したがって、収入を増やす新たな取り組みを真剣に考えるべき時が来ています。

総務省自治財政局によると、２０１８年度の通常収支にかかる財源不足は６・２兆円であり、２０１８年度末には地方財政の借入金残高が１９２兆円、対ＧＤＰ比で34・０％となる見込みです。[※1]　財政力指数（地方公共団体の財政力を示す指数で、基準財政収入額を基準財政需要額で除して得た数値の過去3年間の平均値）も、２０１６年度の全都道府県平均は０・51、全市町村の平均は０・50であり、これまでの10年間、若干の上げ下げや市町村間の差はありますが概ね横ばいで、厳しい状況が継続しています。[※2]

※１　自治体の借入金残高推移：http://www.soumu.go.jp/main_content/000544455.pdf
※２　自治体平均財政力指数推移：http://www.soumu.go.jp/main_content/000521804.pdf

まずは、今までのまちづくりにプラスアルファを！

「稼ぐ」自治体になろう、といわれても、そんなことを意識してこなかった自治体は、何をどうしたらよいのかわからないのが実情でしょう。しかし、**稼ぐための基本となるのは、今まで力を入れて取り組んできた分野に一層の磨きをかけること**です。

仮に、自治体がその地域の強みを忘れて新しい挑戦に脈絡なく取り組んでもうまくいきません。住宅都市であれば、福祉、子育て、教育など、その自治体がもっとも得意で、市民のニーズにもっとも合致するテーマにさらに磨きをかけることが重要です。他の住宅都市に負けない先進的な施策を企画・実施し、しっかりとPRしましょう。

そのうえで、住宅都市の市民が持つ新しいニーズにも柔軟に対応する必要があります。例えば、生駒市では、従来のような利便性・安全安心・自然の豊かさなどに加え、音楽などの文化的豊かさを求める声が強くなっています。また、子育て層の女性も、子どもの教育・子育てだけでなく、自身の自己実現に関心が強まっています。

したがって、生駒市では、従来の取り組みに加え、市民吹奏楽団の創設などの文化事業や、女性向けのヨガやダンスなどスポーツのイベント、さらには、職住近接型の多様な働き方を可能とする創業支援、コワーキングオフィスの整備などを進めています。

住宅都市のこれまでの取り組みとプラスアルファの取り組みにより、進化した住宅都市を実現すれば、定住促進はもちろん、外部からの転入も増加し、固定資産税や住民税など、住宅都市が「稼ぐ」ための一番大切な基礎の部分が確保できるのです。

このような「既存事業にさらに磨きをかける」取り組みに加え、新規事業に挑戦する場合でも、これまでの強みとまったく別の取り組みをゼロから立ち上げるよりも、**地域の強みの裏にある隠れたチャンスを活かした取り組みを考える**方が効果的です。

具体的には、住宅都市が大都市への近さを活かして農業に取り組んだり、観光都市が自然の豊かさやスローライフの強みを活かしてＣＣＲＣ[※3]などの高齢者の移住促進に力を入れたり、農業の盛んなまちがバイオマスエネルギーを基軸とした自治体電力事業に取り組んだりするイメージです。その方が、地元の市民や事業者と連携して対応することが可能なうえに、ゼロから挑戦するよりも成功の可能性が高まります。

まずは、地域の魅力や資源の洗い出しをあらためて行いましょう。現場には、貴重な人材やお店、場所がまだまだ眠っているはずです。

※3　ＣＣＲＣ（Continuing Care Retirement Community）：健康時から介護時まで継続的ケアを提供する高齢者コミュニティのこと。

2

ふるさと納税だけではない 新しい寄付のしくみが広がる！

ふるさと納税のブームは続いていますが、ほかにもさまざまな寄付や経済的なインセンティブをうまく活用したまちづくりが自治体に求められています。

例えば、福岡市では、40台近くある救急車の約3分の1を市民からの寄付で整備していることがニュースとなりました。まちなかでよく目にする救急車に、寄付者の氏名を明記するネーミングライツ等の工夫を行った効果もあります。しかし、何よりも、まちへの想いを持ち、寄付によって応援したいという市民に対し、わかりやすい形で寄付の受け皿を設け、有効に活用していることが、この成果を生んでいるのです。

ふるさと納税は自治体のプラスになっているのか？

総務省ウェブサイトによれば、ふるさと納税とはもともと「自分を育んでくれた『ふるさと』に、自分の意思で、いくらかでも納税できる制度」から始まった制度です。

そこで、生駒市では、ふるさと納税の使途として、後輩たちのための学校のエアコン整備・図書購入や、地元に残した両親を支える家事支援サービスなど、ふるさとへの恩返しの要素を強く打ち出しています。また、生駒市で子ども時代を過ごした後、市外に羽ばたいていった人をターゲットにしたPRを強化し、本来のふるさと納税の趣旨に立ち返った取り組みに近づくよう努力しています。

ふるさと納税を通じて、地元の特産品の振興や、多額の寄付を活かしたまちの課題への対応などを進めるという考え方は合理性もあり、実際に成功を収めている自治体もあります。

ところが、都市型自治体で制度が周知され、お得感がメディアで繰り返し強調される中、市外へのふるさと納税が急増し、市民税が流出して逆に赤字になる自治体が多くなっています。最大の課題はふるさと納税といいながら、**ふるさとを出て他の地域で活躍する人が地元に恩返しする制度になっていない**ことです。誰でもどこにでも寄付が可能なことから、**単に返礼品のお得感で寄付先を選ぶ制度になっている**のです。

市民に寄付を求めることがタブーという風潮を打ち破る！

そこで、これからは、ふるさと納税をまっとうな形で運用していくことに加え、これ以外の歳入の増加を考えていかなければなりません。具体的には、市外の人ではなく、**市民に対してご寄付をお願いする**必要があります。市民から評価されていない自治体であれば、寄付を求めてもなかなか集まりませんから、首長も職員も、日ごろの市政をしっかりやらなければいけない、というモチベーションにもなります。寄付者には、寄付を使ってどのようなまちづくりを希望しているのかじっくり話を聞き、その想いに基づいた行政を進め、成果を説明することは当然です。

一方で、このように市民から寄付をいただくことに対しては、公務員の多くに大きな抵抗感があるようです。税金を納めていただいているのに、さらに寄付まで募るのはやり過ぎではないか、という意見もあります。しかし、これまでも実際に、多くの方が多額の寄付を生駒市に託してくださっています。寄付をくださる皆様は、「市の福祉や医療、子育てなどにお世話になったので恩返ししたい」「子どもたちの成長に役立ててほしい」など、まちづくりへの想いをお持ちです。これまで自治体側にそのような想いの受け皿が不十分であり、せっかくのお気持ちをまちづくりに活かせていなかったことがむしろ問題といえます。

冒頭で紹介した福岡市の例は、このような想いに応えた先進的な取り組みです。もちろん、寄付が強制的、義務的な要素を帯びれば問題ですが、あくまで市民の自由意思に基づいてなされる以上、**いただいたご寄付をしっかり活用できれば何の問題もないはずです。**

金融ツール、経済的インセンティブを活用しよう！

このほかに、各自治体が住民税の控除や返礼品ではなく、プロジェクトの成果物を寄付者に提供するなど、工夫を凝らして寄付を募るガバメントクラウドファンディングも活発化しています。ふるさと納税との組み合わせや投資型の商品もあり、多様な形で進化しています。市民が、投資や寄付により地域に貢献できる機会は重要です。

最近では、特定の社会課題を民間活力で改善して社会的コストを削減し、その一部を事業者が受け取る社会的インパクト投資（ＳＩＢ）なども浸透してきました。これからの公務員は、このような動きにもアンテナを高くしておかねばなりません。

3 一石四鳥の取り組みとして空き家対策が進化する！

多くの自治体で課題となっている空き家問題に対応することも、自治体にとって「稼ぐ」ための取り組みとなります。住宅の性能が高まればヒートショックなどのリスクが低減されるうえ、リノベーションされた住宅は子育て世帯にも住みやすく、手ごろな価格帯の良質な住宅となります。資産価値の増した住宅が増えれば、自治体の税収も増え、まち全体の不動産の資産価値も高まるのです。

空き家対策の効果①　高齢者の医療費が削減される！

空き家の中には、流通に乗せるためにリノベーションが必要な物件が多くあります。リノベーションで改善されるのは水回りやインテリア、バリアフリーなどのレイアウトだけではなく、住宅の断熱性などもあわせて改修されることが多くなっています。

これは、省エネ性能の向上に加え、ヒートショック対策の効果が大きいと考えられます。東京都健康長寿医療センター研究所の報告によると、ヒートショックで亡くなる人の数は年間約1万7000人と推計され、交通事故の死亡者数の約4倍。

人生100年時代にあっては、退職してからも家に住む時間は長く、しっかりとリノベーションして老後を快適に過ごそうという人も増えていくはずですので、リノベーション及び断熱性の向上がなされれば、ヒートショックの減少により、健康寿命が延びる効果が期待されます。空き家対策のためのリノベーションで、高齢者の健康の保全、体調不良を未然防止し、医療費を削減する効果があるのです。[※1]

空き家対策の効果②　子育て世帯の転入促進！

リノベーションされた中古住宅は、比較的安価に買えるので生駒市に転入したい子

※1　岩前篤「高断熱が健康を守る」：http://dannetsujyutaku.com/serial/column/1_index/1_02

育て層にとっても魅力的な物件です。庭付きの一戸建ては欲しいけど、ちょっと高くて手が出ない、という層に対するひとつの答えになります。

日本人は新築志向が強く、中古住宅への抵抗感もありますが、適切なリノベーションと価格設定により、子育て層に空き家が流通すれば、長きにわたり住民税を支払ってくれる市民が増加します。

また、新築分譲マンションや、新たに開発したニュータウンばかりに子育て層が集中する開発は、高齢者の偏在を解消できず、まち全体としての均衡のとれた発展に問題を残します。既存のニュータウンの空き家が良い形でリノベーションされ、子育て層が入居していくまちづくりを促進するためにも、空き家対策は有効かつ重要なのです。

空き家対策の効果③　地元工務店への経済効果！

空き家対策の進展により、リノベーションする中古住宅が増えると地元の工務店の仕事が増えるという経済効果が生まれます。住宅を建てた大手メーカーにリノベーションを依頼するケースも多いのですが、生駒市では、地元工務店に工事を依頼した場合、市外の事業者に依頼するよりも有利な補助金額を交付することで、地元工務店の活性化を図り、地元雇用の促進や事業所からの税収の増加につなげています。

空き家対策の効果④　固定資産税の増加

多くの家がリノベーションされることで、住宅の評価額が高まり、固定資産税の増加が見込めます。また、空き家が流通促進されれば、新しい転入者が増加し、住民税の増加となります。住民税と固定資産税は単年度ではなく、継続的な歳入が期待できるありがたい税収です。

生駒市の空き家率は２０１７年度の調査でも２・８％と非常に低くなっていますが、高齢化が進んでも空き家率が低いというデータは、生駒市が良好な住宅都市であるという何よりの証明になり、住宅都市としてのブランド価値の向上につながります。

これがＰＲ効果を高め、転入促進、転出抑制につながります。

4

地域消費を高める取り組みを官民連携で進める!

団塊の世代が退職して地元に戻っている現在、意識しなければいけないのが、地域消費の拡大です。地域消費が少ないと地元の小売店などが活性化せず、税収の増加や地域の雇用にマイナスです。

地域消費の高さは地域の活性化指標でわかる!

地域消費とは、自宅と同じ市町村で消費する金額の割合で示されます。奈良県においては、他の都道府県で消費する割合が15・2%（全国平均8・8%）、県内他市で消費する割合が27・0%（全国平均19・1%）で、ともに全国1位。したがって、自宅のある市町村での消費割合は57・8%（全国平均72・1%）と全国最下位です。※1

退職者をまちに誘い出すまちなかバルの仕掛け

団塊の世代が地元に戻り、地方創生でいろんなビジネスが地元から生まれています。このタイミングを捉え、地域消費をいかに増やしていくかが自治体の腕の見せどころです。

生駒市のように、近隣の大都市で働く人が多い住宅都市では、地域消費は特に低い傾向があります。仕事中のランチや帰りの一杯などの飲食はもちろん、スーツやかばんなども職場に近い大都市で購入する人が多いからです。

しかし、団塊の世代が退職して地元に戻りつつある現在、これまでと同じ状況に甘んじていてはいけません。退職したのに会社のあった大都市までわざわざ出かけて消費するのではなく、地元のレストランで食事を楽しみ、地元の店で買い物するよう呼びかけ、地元消費を少しでも増やしていくことが必要です。

退職者が地元に帰ってきた今がチャンスなのです。

※１　２０１４年全国消費実態調査：http://www.pref.nara.jp/secure/8894/26topic.pdf

生駒市のように専業主婦の多いまちでは、女性は地元のおしゃれなお店やレストランをよくご存知ですが、男性はなかなか知りません。したがって、市民、特に男性を地元の店やレストランに呼び込むには、店を知ってもらうことが何よりも大切です。

生駒市では、まちなかバルというイベントを行い、駅周辺のレストランに参加してもらって、すべてのメニュー（お酒1杯とつまみ1品）を600円程度で提供してもらいました。市民はそのチケットを1枚だけではなく、**5枚1セットで購入し、平均して約5軒の店をはしごしてもらいます**。こうすることで、市内の店をよく知らない市民も他のお客さんと一緒に複数の店の暖簾をくぐり、店の味、雰囲気、マスターの人柄に触れるのです。一度暖簾をくぐった店は2回目に入るのにそれほど抵抗がありません。

実際に、バルやまちづくりの活動がきっかけで、大阪で働いているのに地元の仲間と飲む機会が増えた市民がたくさんいます。お店にリピートするお客さんも増え、市内消費に効果的な取り組みとなっています。

市民によるイベントが地域消費に大きく貢献する！

地域消費を高めるには、店自体の魅力のＰＲに加え、地元に楽しいイベントを創り、そのついでに地元で消費してもらうことも重要です。サラリーマンが地元で消費しなかったのは職場が大都市だからという理由が大きいはず。それならば、わざわざ大都市に行かなくても楽しい地元の場所やイベントを創れば良いのです。

そこで生駒市では、市民の手によるイベント開催を応援する「イコマニア」という制度を創り、市が保険料の負担やＰＲ支援で協力しています。２０１７年度で１５４件の開催実績があります。

例えば、家に眠るプラレールを集めてリユースし、駅前広場でつなげて遊ぶイベントは、市内の育児支援団体が運営してくれる大人気イベントです。家では考えられないくらい長いレールの上を子どもたちはお気に入りの電車を持ちより走らせています。このイベントは、休日に多くの集客があるので周辺の店やレストランも歓迎していますし、父親の育児参加が自然に進んだり、年配の皆さんがおもちゃ病院を開いてくれたり、図書館司書が女の子中心に読み聞かせもしたり、ちょっとしたマルシェのようになっています（第４章コラム１０６ページ参照）。

市民力による賑わいを創り出し、地域消費につなげる活動を積み重ねていけば、経済活性化に大きな効果が出てくるのです。

5

自治体が電力会社や民間サービス事業を立ち上げる！

生駒市は、自治体電力会社の取り組みを始めています。また、生駒市は図書館司書を正職員で採用し続け、直営による図書館運営を続ける数少ない自治体です。

生駒市が自治体電力に取り組んでいる理由

今、全国で約30もの自治体が自治体電力会社に取り組んでいます。国の電力自由化を受け、自治体が事業者などと連携して、電力・エネルギー事業に取り組んでおり、生駒市もそのひとつです。

生駒市がこの事業に取り組む理由はいくつかあります。再生可能エネルギー・電力事業の展開という環境面の目的はもちろん、エネルギー事業を通じて市民によるまちづくりの機会や受け皿を創出するという社会的な意味もあります。しかし、特に重視しているのは自治体が「稼ぐ」という経済的な目的です。

生駒市民の使用するエネルギーの使用料は、これまでほぼすべてが市外の電力会社に流れていました。しかし、これらの一部でも生駒市内にとどまって地域で循環することになれば経済効果も期待できます。電力事業のようなインフラについても、これまでのような中央集権的な整備から、地産地消型の整備へと移行が進んでおり、**どのような地域でも電力事業という産業を持つことのできる時代になっている**のです。

このほか、女性の働く場としての自治体電力会社という選択肢が地元にあることは望ましいことですし、**利益が生じた場合も株主配当をしないので、収益を生駒市の地域課題に充当したり、新しい市民サービス事業に活用することが可能**となります。

生駒市が図書館を直営し、正職員を採用し続ける理由

第1章で、これからの時代に、行政事業の外部事業者などへの委託が急速に進む可能性を指摘しました。一方で、**何も考えずに外部委託する自治体は「稼ぐ」という観点からは失格**です。外部委託しても効率化やコスト削減が進まない、効率化が進んで

も、市民満足度の向上、市民のまちづくりへの参加、地域課題の解決に寄与する総合的な効果、そして、市が「稼ぐ」という観点から内製化しておく方がいいケースもあるのです。効率的かどうかよりも効果的かどうかを重視する必要があります。

例えば、図書館業務自体を委託や指定管理に出す自治体が増えている中、生駒市は、**図書館を直営し、正職員として図書館司書を定期的に採用しています**。これは全国的に見ても大変珍しいのですが、その理由は、**生駒市のまちづくりのために欠かせないピースが直営の図書館にあるから**です。

確かに、効率性だけ考えて、図書館運営を委託に出せば、同じ金額で開館時間が延びる、あるいは同じサービスを若干安い金額で受けてもらえるかもしれません。しかし、生駒市図書館は単なる本を貸す場所ではなく、司書はまちづくりの拠点としての図書館や本をどう活用するかについて真剣に考え、実践しています。ビブリオバトル[※1]全国大会や、図書館ワークショップから生まれた夜の図書館イベントを市民主導で実現したり、「茶せんのまちいこま」ならではの茶道とアクティブラーニングをつなげた取り組み、図書館を活かした女性の創業支援や、高齢者のまちづくりへの巻き込み、認知症にやさしい図書館プロジェクトなど、新しい取り組みにどんどん挑戦しています。

そのため、司書はいつも図書館で勤務するわけではありません。図書館というハコを飛び出して、いろんな部署や市民と連携するように指示しています。時には、図書館によるまちづくりと関係が深い市民活動センターや認知症対策の部署に一定期間異動させることもあります。生駒市の図書館司書は、その経験を図書館に持ち帰って具体的な取り組みにつなげてくれています。

こういう動きのできる図書館は、直営を継続する方がまちや市民のために機能します。図書館を活用した取り組みは、子どもの成長、高齢者の生きがいづくり、文化的な生活の進化など金額的に換算しても十分な成果を上げているからです。

民間に任せるべき事業、内製化する事業、行政と事業者などとの協創によって行うべき事業などをしっかり見極め、効果的に事業を進める、稼ぐべきところは稼ぐというまちづくりの絵を描くことが重要で、安易に外部委託をするのはもったいない話です。

※1　ビブリオバトル：参加者みんなで集まって１人が５分で本を紹介し、読みたくなった本をみんなで投票して決定する知的書評合戦。

稼ぐ力をつける 自治体電力株式会社

COLUMN ③

生駒市では、自治体電力会社として「いこま市民パワー株式会社」を2017年7月に設立しました。この会社の設立は電力事業を通じた環境への配慮と、市民力をさらに引き出すということに加え、「『稼ぐ』まちをつくる」ことを大きな目的に位置付けています。

生駒市のような住宅都市が、今後の少子高齢化・人口減少時代に健全な自治体経営を行うには、子育て世帯の転入による住民税や固定資産税の増加はもちろんですが、新しい収入増の方策を生み出さなければなりません。そのためには、利益を生む事業を安易に委託しないことに加え、一歩踏み込んで、地域の「稼ぐ力」を育てるため、リスクを取って挑戦するリーダーシップが不可欠になります。

自治体電力会社の設立によってしっかりと稼ぐため、生駒市では3つの点を意識しています。第一に、市民が当たり前のように市外の事業者に支払っていた電力料金の一部を地元で循環させること、また、その意義を市民が理解すること。第二に、女性の就業率が低いという地域課題を改善するため、女性の雇用の場として自治体電力会社を活用すること。そして第三に、収益を株主還元せずに地域課題に還元すること、また、その使途について契約者で議論する、いわば「契約者総会」により、市民を巻き込みながらより効果的な収益の使い道を考えること、です。

市の職員も、会社の立ち上げに関するノウハウ、どのように収益を確保するか、どのように営業をするのかなど、普段の市役所の仕事では経験できない貴重な機会を得ています。

職員は民間企業や市民団体とともに会社を経営するという経験を通じて大きく成長しています。

第4章

すべての自治体に国際化対応が求められる！

1

新興国のインパクトはますます大きくなる！

世界銀行のデータベースによると、２００１年から２０１６年までの人口は、日本ではほぼ横ばいですが、中国では一人っ子政策の効果が大きかったものの、約1億人の増加。インドにいたっては15年間で２・５億人以上、約24％人口が増えています。日本は世界でも有数の高齢化社会であり、２０１５年の高齢化率は26・６％。中国では子どもの数が抑制されたことにより、人口ピラミッドは一気に「釣り鐘型」となって高齢化率も９・６％まで上昇しています。一方、インドでは子どもの数も多く依然として「ピラミッド型」のままであり、高齢化率はわずか５・６％。今後もまだ人口の増加が予想されます。

そして、新興国の人口や購買力の急速な拡大、海外への関心の高まりなどを背景とした国際化の大きな影響は、自治体にも確実にやってきます。国際化による環境変化を理解し、観光や特産品の海外展開をはじめとして、国際的な視点を持たなければ自治体経営ができない時代になっていきます。

新興国のインパクトは人口とGDPの急増から！

自治体にまず必要なことは、国際化、**特に新興国のインパクトを理解する**ことです。冒頭の人口の伸びに加え、ＧＤＰの伸びに注目してみましょう。

ＧＤＰ（名目）については、日本は２００１年からの15年間で大きく伸ばせていませんが、中国は１・34兆ドルから11・２兆ドルと約８・４倍に伸ばし、あっという間に日本を追い抜きました。中国とほぼ同じ水準まで人口が増加しつつあるインドも約４・６倍の増加で、若年層も多いことからますますの成長が予想されます。[※1]

同じ先進国でも米国の人口増加率が２００１年からの15年間で14％、高齢化率が14・８％（２０１５年）、ＧＤＰも約75％増加していることと比較すると、わが国の経済・人口の状況がこの15年間停滞し、少子高齢化や経済成長など多くの問題が深刻

※１　世界銀行データベース：https://data.worldbank.org/

化したことがよくわかります。

また、以前は、新興国の経済発展は進んでいるが、所得格差が非常に大きく、一部の富裕層だけが海外旅行などに行く、などといわれていましたが、所得分配の不平等さを示す「ジニ計数」を見ると、日本が32・1（２００８年、世界銀行以下同じ）であるのに対し、中国では42・２（２０１２年）、インドにいたっては35・１（２０１１年）となっており、所得分配が比較的平等にいきわたりつつあると考えられます。

したがって、一部富裕層のみではなく、比較的所得の高い中間層が拡大し、海外旅行や海外製品購入などのターゲットとなりうるようになっているのです。

新興国は日本の発展と停滞を注視している

このようなすさまじい経済発展、人口増加を実現している新興国ですが、その発展を担う若い人材は、意外と冷静に将来を見据えています。彼らは、日本の戦後の目覚ましい経済発展と、少子高齢化や人口減少に苦しむ現在の両方を注視し、日本の成功と失敗の両方から多くの教訓を得ようとしています。

私が以前、新興国の官僚や留学生などに講義をした際、高齢者福祉やそれに伴う介護予防、認知症予防などの質問が多かったことが印象的でした。新興国の高齢化率はまだ低水準ですので、そこまで心配する必要があるのかな、と感じましたが、急速な高齢化に苦しむ日本を見て、新興国は、早めに対応を進める必要を強く感じているのだと思います。具体的には、認知症予防の取り組みやデータ、認知症になった後の介護保険制度や医療福祉制度による対応やノウハウについての質問が多かったです。

経済発展については、戦後の日本が大量生産・大量消費と貿易拡大を通じて高度成長を実現した体験と同時に、それが公害という大きな問題を引き起こした負の側面から教訓を学んでいます。日本が公害を克服した技術や、世界最高水準の省エネ性能を実現した技術などは、現在公害に苦しんでいる新興国が興味を持って注視しています。

また、大量生産による効率化だけでは、創造性が必要とされるこれからの国際環境の中では成長が見込めず停滞していることも、日本の歴史から学んでいます。

このような**外国との付き合いは、自治体でも十分可能**です。自治体が外国との相互協力や理解の中から、経済的なメリットをつかみ取らなければならない時代になっているのです。

2

観光客は海外から直接招聘する！

観光に取り組む自治体は少なくありませんが、これからの観光のメインターゲットは国内よりもむしろ海外からの観光客です。

外国人にとっては、有名観光地や雄大な自然などでなくとも、日本の日常生活も生活習慣もすべてが興味深いのであり、我々が外国の市場に胸を躍らせるのと同様、日本の商店街やスーパーに行くだけでも楽しいのです。

伝統工芸品の製作体験、美容室でのカット体験、銭湯体験はもちろんのこと、ニュータウンの住宅での日常生活を知ることでさえ、「コト観光」のネタになります。海外の観光客を呼び込むには、意外なところにチャンスが眠っているのです。

急増する海外からの観光客をターゲットにする

あらためてデータを見ても、新興国の人口とＧＤＰの急激な増加は、いろんな分野でわが国、ひいては各自治体に影響をもたらしています。

世界銀行のデータによると、２０１１年に６２１・９万人だった日本への観光客数は、２０１６年には２４０４万人とわずか5年で３・87倍になっています。

日本政府観光局の公表データによると、東アジア諸国からの観光客が急増しており、１９９０年度には49・７％だったのが、２０１７年度には74・２％に急増しています。これは、欧米からの観光客が減ったのではなく、中国や韓国からの観光客が爆発的に増えた結果です。まさに大きなインバウンド効果が日本にもたらされています。[※1]

世界的にも有名な観光地を抱える一部の自治体以外は、これまで、それほど海外からの観光客の誘致に力を割いてきませんでした。しかし、インターネットが発達し、地方の旅館でも直接海外の顧客とつながることのできる現在では、急激な海外の観光

※1　世界銀行：https://data.worldbank.org/indicator/ST.INT.ARVL?locations=JP&view=chart
政府観光局：https://statistics.jnto.go.jp/graph/#graph-breakdown-by-country

客の増加とも相まって、国内よりも海外をターゲットにする合理性が高まっています。

そうであるならば、特にこれから観光の取り組みを進める地域にとっては、**外国人観光客をメインターゲットにする**戦略が断然効果的です。

「何もない」が最大の武器になる

外国の観光客を地域に呼ぶためにやるべきことはたくさんあり、大変なのは間違いありませんが、ガイドブックに載っているような観光地がないと来てくれないんじゃないかという、そもそも論の心配は不要です。

ガイドブックに載っているような有名な観光地はもちろん今後も人気でしょうが、伏見稲荷神社、サムライミュージアムなど、外国人観光客の増加からから火がついた人気の観光スポットもあります。日本人にとっての観光地でなくても外国人に人気となるスポットもたくさんあるのです。

最近の観光を語るうえでは欠かせない「着地型観光」というキーワード。現地で集合解散する観光の形態で、地域の良さを最大限活かしたプログラムを地域でつくり、提供するものです。概していえば、**外国人は日本人と比べて、長い時間と多くのお金を観光に費やします**。したがって、日本人観光客相手なら、時間や費用の面でつくれなかったプログラムでも外国人相手なら成立する可能性があるのです。

有名な観光地を回るだけでは物足りなくなった海外の観光客からは、さまざまな体験に価値を見出す「コト消費」も注目を集めていますが、これも時間的、金銭的な余裕がある外国人を対象とした観光には是非組み込むべきメニューです。

また、オーストラリア人がニセコのスキー場に来たり、タイ人が佐賀県にやってきたりと、映画やアニメ、姉妹都市提携などいろんなつながりを活かして、特定の国の観光客を取り込む戦略も可能です。そうすれば、着地型観光のプログラムもターゲットの国の特性に応じてさらに磨きをかけることが可能となります。

観光とは無縁だとみんなが思っていた住宅都市でさえ、空き家を活用した民泊、退職者や専業主婦のマンパワーの活用、市民みんなで考える着地型観光のプログラムなど、住宅都市の強みを活かした観光のあり方を考えることができますし、それを、経済活性化や市民によるまちづくりの柱となるメニューとすることも可能です。

今後は、**日本中のどのまちが観光都市になってもおかしくない**時代なのです。

3 世界を相手に物を売る！

一昨年、生駒市から特定メーカーのおむつが消えるという事態が発生しました。中国でそのメーカーのおむつが人気となり、大阪はおろか、大阪郊外の生駒でもまとめ買いされ、店頭から消えたのです。いわゆる「爆買い」です。

新興国の急激な経済成長と、諸外国による日本への観光客の増加などの関心の高まりを踏まえれば、各地域の特産品や何気ない日常生活品も、世界を相手に商売を考える方がこれからの時代にマッチします。それを自治体がいかに支えることができるのかが、腕の見せどころとなるのです。

伝統工芸品と伝統文化を一体で売り込もう

新興国で、茶葉などの日本の農産物の見本市を開いたところ、その会場に華を添えるために設置されていたお茶室一式、数千万円が複数セット売れた、という話があります。

新興国の資金力の高さもさることながら、日本の伝統文化に対する評価が海外でも高い証拠です。**生駒市の特産品である茶せんも、ルーブル美術館をはじめとする世界各地で評判となっていますし**、編み物人気と相まって竹の編み針も高級品として海外で流通しています。

伝統工芸の関係者はこれまであまり外国を見ていないケースも多かったのですが、最近では若い世代の活躍や外部の専門家の力もうまく活用して、効果的に外国に販路を拡大し、しかも国内よりも高い利益率で販売できている成功事例も増えています。

わが国の人口は減少を続けることは確実で、伝統工芸品の利用者の割合も低下することから、国内で伝統工芸品を売ることは急速に厳しさを増していきます。

一方で、海外では旅行などを契機に、茶道など日本の文化に親しむ人の割合が増え、地域や品目によって差はあれど、伝統工芸品に対する関心も増しています。

外国に向けて、また、外国人観光客に伝統工芸品や特産物を売る際には、工芸品そのものの価値を高めることも大切ですが、伝統工芸品とそれを使う伝統文化とワンセットで販売することが効果的です。

例えば、茶せんの販売であれば、茶道の裏千家だけで世界37ヶ国・地域111ヶ所に海外出張所・協会があります（2016年12月現在）。茶道が盛んな海外の地域なら、茶道の文化やお茶席のイベントなどに合わせて茶せんをPRすることが効果的ですし、茶道という文化体験と組み合わせて、よりストーリー性を持って、購入者に強いインパクトを与えながら販売することが可能です。

伝統工芸品はもちろん、他の特産品でも同じですが、その品がどうしてその地域で多く生産されるようになったのかの歴史的・地理的な背景、その特産品が日本の日常生活でどのように使われているかの紹介などの、ちょっとしたストーリーとともに販売することが効果的なのです。

このような形で文化を体験し、関係する特産品に触れた人は、強いインパクトを受けるので、物を購入するだけでなく、日本への観光客となってくれるかもしれません。**着地型の体験型観光と、地域の特産品の販売は、車の両輪**のようにつながりあっているのです。

日本の日常生活品は外国人にとって宝の山

伝統工芸品に限らず、日常生活品の人気も続いています。日本人には当たり前の日常生活品でも、海外の人には高品質で十分爆買いの対象になります。

冒頭に示したおむつだけではありません。長期滞在するときに、日本製の爪切り、歯ブラシなどは必ず持っていくべきもののリストに入っています。日本の文房具のすばらしさを海外で再認識した人も少なくないでしょう。

逆にいえば、こういう商品こそが外国では素晴らしい生活品として、日本よりも良い値段で売れるのです。自治体職員の視点で見れば、**外国人観光客を地域の文房具屋さん、雑貨屋さんなどへ案内することは、観光のコンテンツとしても十分成り立つ**し、地域で買い物をしてもらい、お金を落としてもらう手段にもなります。

これからの時代は、自治体も、外国人向けの観光や海外への地域の特産品の販売だけでなく、特産品に関する楽しいストーリーを意識すること、**我々にとっては当たり前の日常からヒントを得る**ことが、活路を開くポイントとなるのです。

4

日本を飛び越えて世界の先進事例を学ぶ時代に！

ＴＴＰという言葉があります。

「徹底的にパクる」の略で、特に自治体が他の自治体による先進的な取り組みを学び、現地に足を運んで体感し、自分たちの地域に合うように修正して具体化することです。

国際化が進めば、この動きは国内にとどまらず、他国の先進事例が地域の取り組みに大いに参考になることも出てくるはずです。海外の取り組みには、わが国が課題と思っていることへの答えや、当たり前と思っていたことへの「目からうろこ」のような示唆が含まれます。このようなまちづくりのヒントを探す考え方は、国家公務員だけではなく、各自治体の職員にも同じことがいえるのです。

他国の具体的な先進事例（①シュタットベルケ（ドイツ））

ドイツで盛んな「シュタットベルケ」とは、電力・ガスなどの地域エネルギー事業を中心としつつ、水道、下水処理、ごみ収集、交通、通信など、総合的な地域密着型サービスを行う公共的な事業体のことで、自治体が積極的に関与していることから都市公社とも呼ばれます。公社といえば、第三セクターのような事例があり、わが国ではやや否定的な印象もありますが、ドイツでは約千社のシュタットベルケがあり、エネルギー事業などで得られた利益を活用して、きめ細やかな公共交通などの民間企業が参入しにくい事業に活用するなどしています。**公共的な視野を持ちながら、民間企業の手法で売り上げや利益を伸ばし、多くの雇用を生んでいます。**

わが国の自治体は、今後も事業者などへの業務委託や指定管理を活用していくでしょう。しかし、シュタットベルケの例を見れば、安易に何でもかんでも外部委託するのは賢明な選択とはいえません。自治体が有している市民からの信頼や地域に関する知見、水道・ガス・公共交通などの事業をしていること、民生委員・自治会・学校などとの連携など、自治体の強みを活かして取り組みを進めた方が、質の高い市民サービスが可能だったり、収益面で有利な場合もあるのです。

他国の具体的な先進事例
（②エストニアのブロックチェーンを活用した電子政府）

ブロックチェーンという技術に注目が集まっています。

ビットコインを支える基礎的な技術として考案された「分散型台帳技術」のことであり、第1章で紹介したエストニアの〝E-residency〟もこの技術を活用しています。取引情報などのデータを1つのサーバーで処理・記録するのではなく、個別の端末で分散管理するところが要諦であり、その結果、異なる関係者間で容易にデータを共有できる点、取引履歴が追跡可能な点、改ざんが困難な点、一部の端末に不具合が生じても全体としてのシステムは継続可能な点、比較的低コストである点などが特徴です。

追跡が容易で改ざんが難しいという特性を活かせば、農作物や食品などのサプライチェーン管理などにも活用ができます。改ざんが難しい点を生かせば電子投票などにも応用が可能です。

また、第1章で紹介したシェアリングエコノミーは遊休資産などをみんなでシェアするサービスですから、異なる関係者同士で容易にデータを共有でき、使用料金を電子決済できるブロックチェーンの技術が効果的です。そして何よりも、**市民の利便性**

は飛躍的に高まり、ビジネスチャンスも広がります。

ブロックチェーンは、関係者が多いほど分散型のメリットが出る一方で、処理に時間がかかる点など、まだ課題は残っていますが、中央集権的でないブロックチェーン技術には、地方創生時代の自治体のあり方にも共通する価値観があります。

ドイツやエストニアと日本では、制度や人口規模の違いも確かにあります。ドイツとは電力事業に対する規制ひとつとっても自由度が異なりますし、エストニアと日本の人口規模は約１００倍あります。しかし、他国の事例が大きな成功を収めているのであれば、日本の制度も時代に合わせて改めなければ国際的な時流に乗り遅れます。人口規模も、日本の大きな都市なら１００万人であり、むしろ自治体の方が、外国の小さな国と同じくらいの規模なので、1億2千万人の日本の動きが遅いのであれば、地方創生の時代、自治体が先に動き、国の動きを後押しする気概が必要なのです。

他の先進事例をどんどん取り入れる「ＴＴＰ」の考え方はこれからも重要ですが、10年、20年後を見据えて、**今の日本の常識を抜本的に打ち破る発想と先進事例を知るためには、海外にも目を向けていこう**ではありませんか。

5

語学力、プレゼンテーションよりも大切なもの！

国際化というと、まず語学力と考える人が少なくありません。確かに語学力は大切ですが、近い将来、ＡＩの発展により、音声認識や翻訳の機能は目覚しい進化を遂げることから、語学力の重要性は徐々に小さくなっていくでしょう。

国際化の大きなうねりを、観光の活性化、特産品の振興などにうまくつなげられるかどうかのポイントは、日本の良さをあらためて見直す、多様な考え方や文化を認める、しっかりと主張するなど、私たち一人ひとりの人間力にありそうです。

今いちど日本を、地域を見つめなおそう！

外交官時代、担当していた環境・エネルギー分野の米国大統領府の高官が茶道に造詣の深い人だと知り、私はあらためて、茶道をはじめとする日本文化と英語での表現方法を学びなおしました。この高官が、日本国大使館のパーティーに参加して、そこで日本文化が話題となる可能性があったからです。

国際化と矛盾するように聞こえるかもしれませんが、**国際化を形にするためには、自分の国について学び、理解することが大前提**です。例えば、私たちが外国人に対し「観光に来てほしい」「特産品を買ってほしい」と考えるとき、私たち自身が、その特産品や地域の良さはもちろん、その背景にある魅力的な歴史やストーリーを整理し、説明できなければ、海外の人の心をつかめるはずもありません。

国際化とは、相手の国を知ることはもちろんですが、自分の国や地域について、どれだけ深く、具体的にストーリーとして理解しているかが、それ以上に大切なのです。

多様な価値観を受け止める力

国際化で大切なことは、国や地域によって異なる多様な価値観を理解し、受け止める力です。世界にはいろんな国や地域があるので、価値観や歴史、文化も極めて多様です。日本とは異なる考え方や宗教的な価値観、文化上のタブーも数多くあります。喫煙や差別、人権問題などには、日本よりも厳しい目が注がれています。このような**価値観等の違いを理解し、受け入れる**ことが、信頼関係構築の第一歩です。

生駒市では、2018年6月から、多くの人が集まる駅前地域を対象に、歩きタバコなどに最大2万円の罰金を科す条例を施行しています。これは市民の健康増進はもちろんですが、生駒市を訪ねる外国人も増え、観光にも力を入れていくにあたり、タバコに対する取り組みを国際水準に近づけることが必要になる、という理由もあります。

いろんな国との関係や交流が飛躍的に増す今後、自治体やその職員は、自国を誇りに思う気持ちは大切にしつつ、国際的なスタンダードや個別の国の文化などもしっかり理解し、多様性を受け入れたコミュニケーションをとる必要があります。

はっきりと主張する方がコミュニケーションは円滑に進む

国際社会で、日本人は何を考えているかわからない、はっきりと意思表示しない、と批判されることがあります。「沈黙は金」というお国柄ですから、多くを語らないのが美徳という考え方が日本にはありますが、これからは**積極的なコミュニケーションが国際的にも、地域社会でもますます重要**となります。

例えば、自治体職員が市民の声に耳を傾けるのは当然ですが、市の立場や考えなど、**伝えるべきことがあれば、しっかりと主張し、時には反論して考えを改めてもらう**ことも重要です。自治体が頑張っている取り組みをしっかり発信することで、必要な市民に必要な行政サービスが届くのはもちろんのこと、何か市政に問題が生じたときも、市役所の頑張りを知っている人は、感情的にならず、冷静に自治体に接してくれる可能性が高いのです。まさに「平時の頑張りこそが最大の危機管理」なのです。

これは外国人や国際社会が相手でも同じことです。自分の意見を控えることでトラブルを避けようとするのではなく、こちらの主張を伝え、場合によっては相手に反論しながらも、相手の主張を認めるところは認めるというメリハリをしっかりと打ち出す方が、国際的にも、地域社会でも結果的に良好なコミュニケーションを生むのです。

一人ひとりの公務員の顔が見え、声が聞こえるコミュニケーションが、国際化の時代、地方創生の時代と、両方の意味で大切なスキルとなるのです。

協創を実現する「プラレールひろば」

COLUMN ④

「いこま育児ネット」は、子育て中の母親などが助け合う場づくりを進めるボランティア団体です。2001年に始まった同会は、2014年から「つなげてあそぼうプラレールひろば」を開催しています。不要になったプラレールを集め、駅前広場を舞台に、長く工夫を凝らしたレールをみんなでつくります。そんな素敵なレールを走るのは、子どもたちが持ってきたお気に入りの電車・機関車です。

この手づくりイベントが持つ効果は4つあります。

第一に、使われなくなって押し入れに眠っていたプラレールをリユースして活用する環境保全上の効果。

第二に、父親による育児の促進。プラレールひろばに子どもを連れてくるのはお母さんだけでなく、お父さんも多いです。お父さんは昔プラレールで遊んでいたので、広場で大きなレールをつくるイベントに胸を躍らせながら参加してくれます。100回の普及啓発より、1回のプラレールひろばの方が父親の育児参加を促進できます。

第三に、まちのにぎわいを生んでいること。プラレールひろばは多くの親子がやってくる人気のイベントです。広場周辺のお店への経済効果のほか、他の子ども関係のイベントをするときも、プラレールひろばとコラボすればいつも以上の参加者が期待できます。

第四に、このイベントが市民によるまちづくりのインキュベーター機能を持つ点。プラレールひろばの横の「おもちゃ病院」では、壊れた機関車や電車を修理し、図書館司書が読み聞かせをしています。積木広場や市のブースもコラボし、まるでお祭りのようです。

行政ではなく、ボランティア団体が定期的に運営し、参加する人をまちづくりに巻き込んで活動を進化させているのです。

第5章

新しい時代の公務員として生き残るために

1 地方創生時代の自治体職員に求められること

「そのようなことは前例がございません」

この言葉が通用したのは、経済成長が続いていた古き良き「追い風」の時代。自治体は国から指示されたことに無難に対応・処理していれば国とともに前進し、成長の果実を享受できました。すなわち「減点主義」が自治体の行動方針だったわけです。

しかし、今は少子高齢化、人口減少が進み、国の財政状況も厳しい「向かい風」の時代。減点主義に基づいて無難に対応したり、昨年と同じこと、他の自治体と同じことだけをしていては、現状維持どころか、後退を意味する時代です。国に頼れば何とかしてもらえる時代はもはや終焉しているのです。

自治体職員は今こそ「主体性」をつかみとれ！

このような地方創生の時代に、自治体職員に求められていることの第一は、自治体職員が自分の力で考え、行動すること。すなわち「主体性」です。

政府の方針をこなすだけでは、地域住民から寄せられる多様なニーズや行政課題に対応できませんし、ニーズや課題の解決のために活用できる地域資源も多様化する中、統一的な課題設定や地域特性を無視した対応では良い結果は生まれません。

したがって、国は、悪平等な自治体支援を改め、意味のある効果的な権限や財源を市町村に移譲したり、「困っている自治体」ではなく「主体的に挑戦する自治体」を応援する制度設計を進め、地域のイノベーションを促す必要があります。

もちろん自治体職員も、国や民間企業に負けない人材の確保、専門性やリーダーシップを意識した育成を本気で進め、「他の自治体がやっているからやる」ではなく、**今までの常識やタブーにとらわれず、「加点主義」の発想**で、地域課題に新しい手法で挑戦していく主体性、リーダーシップが求められています。

「昨年度と変更点はございません」「わかった」というやり取りの多かったのがこれ

までの自治体ですが、これからは何年も同じことを繰り返す取り組みは原則として許されなくなります。「昨年度との変更点、注目すべき点は、○○です」という説明と、その根拠となる市民など現場の声をしっかり整理しておくことが不可欠になります。

地域資源の掘り起こしと協創が地方創生の起爆剤となる!

地方創生によって自治体職員があらためて意識すべきもう1つの視点は、地域に眠る多くの資源の再発見と活用です。市民のニーズが以前とは比べものにならないくらい多様化・複雑化していく中で、中央集権的な発想や全国共通の課題設定ではうまく回らない事例が増えています。地域課題もさまざまですが、それに対応するために活用できる地域資源もまた多様です。

例えば、美しい自然・景観を活かして過疎のまちが着地型観光を切り口にまちおこしに取り組むこともあるでしょうし、大都市へのアクセスを活かして住宅都市が農業に挑戦することもあるでしょう。豊かな文化・芸術・歴史を多く持つ地域では、それらを観光や市民の郷土愛の醸成に活用することもできます。

そして何よりも、**地域に住んでいる「人」の力をいかに活用できるかを徹底的に考え、まちづくりを具体化していく**ことが強く求められています。

会社勤めの経験を活かして地域での創業支援に貢献できる人はいないか。趣味の庭いじりが高じて、緑や花のまちづくりを指導できる人はいないか。英語が得意で外国人相手の観光ボランティアのできる人はいないか。機械に強く、おもちゃ病院の活動ができる人はいないか……。こういう人を見つけ、まちづくりに貢献できるようなきっかけや場をつくることが行政の大切な仕事なのです。

生駒市では、地域デビューガイダンスと称して、仕事を退職した65歳前後の方を対象に、地域社会への入り方、地域で活動している主な団体などを紹介する場を設定しています。このガイダンスで出会った団体の体験会に参加し、今はそのメンバーとして地域デビューを飾った市民も少なくありません。

これまで自治体職員は、市民、特に高齢者を「サービスの受け手」「お客様」として考えることが多かったと思います。しかし、これからは、**市民を「お客様」であると同時に「地域課題解決の担い手」としてとらえ**、自治体職員もしっかりと汗をかくことによって信頼関係を構築しながら、地域固有の課題に対応していく「協創」と「自治体３・０」の視点を持とうではありませんか。

2

0から1を生みだす「始動力」を発揮しよう！

これからの時代、決められた方針に沿って、1を100にする力は、ITやAIに取って代わられます。しかし、現場を回って課題やニーズを見つけ、その対応策を具体化し、地域の人材や資源を活用してみんなで対処していくコーディネーターとなれるなら、公務員はAIには決して負けることはありません。

このような0から1を生み出す力こそ、リーダーシップ、すなわち「始動力」です。

自分プロジェクトを持つ、自分株式会社を創る

組織の中で始動力をどう発揮するか。公務員の皆さんにお勧めしたいのが「自分プ

ロジェクト」を持つことです。自分プロジェクトとは「上司に命じられた仕事ではないが、仕事に関連するプロジェクトを主体的に企画、実施すること」です。

私の環境省時代の例を挙げます。当時、組織を挙げて取り組んでいた最大の仕事は、ペットボトルなどのリサイクルに関する法令（容器包装リサイクル法及び関連法令）の改正作業でした。大変やりがいのある重要な仕事でしたが、大きなスケールの仕事になればなるほど、自分は組織の一部でしかありません。

そこで、私は、法令改正に関係する別の自分プロジェクトを企画したのです。それが、「レジ袋有料化等に関する環境省と民間企業との環境自主協定の締結」です。

先進的な環境目標の設定や取り組みを約束した企業の社長と環境大臣とが協定を結び、それをメディアに向けて発信するものです。これにより、環境省が先進企業を大々的に支援できるとともに、同業他社の奮起を促そうと考えました。

環境省が、横並びを打破して業界から環境先進企業を認定する手法の斬新さと、小池百合子環境大臣（当時）の発信力もあり、メディアにも大きく取り上げていただいた結果、企業による環境保全の取り組みが大きく進み、企業との協定という政策手法が自治体にも一気に浸透するなど、大きな成果を出せました。本業の法令改正もこの協定とワンセットでＰＲできたことから、上司からも高い評価をいただきました。

私がこの自分プロジェクトから得た収穫はいくつもあります。本来業務と自分プロジェクトの両方があることにより、どちらかが行き詰まったときも気分的に余裕が生まれるという「複線化による脆弱性の回避」のほか、自分プロジェクトの経験を本来業務に活かすシナジー効果もありました。

しかし、何より大きかったのは、若手のうちにいろいろな経験ができたこと。プロジェクトの進行管理はもちろん、協定締結のために企業に飛び込み営業をするなど、若手公務員が通常は経験できないことに挑戦して成果を出せた喜びは、何ものにも代えがたい自信になりました。

この**自分プロジェクトの成功が、次の挑戦のための大きなモチベーション**となり、私はその後、常に何らかの自分プロジェクトを手掛けています。

リーダーシップは「指導力」ではなく「始動力」

わが国で「リーダーシップ」といえば、通常は「指導力」と訳されます。

しかし、今の時代に必要なリーダーシップとは、「組織の構成員一人ひとりが明確なビジョンの下、主体性を持って、能動的に考え、行動を起こすこと」（『採用基準』

伊賀泰代著・ダイヤモンド社）であり、「時代や状況を見定めつつも、タイミングを逃さずに一人でも歩みを進める覚悟」（『やり過ぎる力』朝比奈一郎著・ディスカヴァー・トゥエンティワン）なのです。

自治体に置き換えて具体的にいえば、「公務員が、時代や状況を見据え、組織のビジョンに照らしながら、組織や地域が持つ課題を見つけ、それに対応するために考え、リスクを取りながら行動を起こし、協力者を巻き込みながら、具体的な解決策を『主体的に』取りまとめて実施する力」です。したがって、**リーダーシップとは「始動力」と訳すべきであり、トップだけでなくすべての職員に必要な力**なのです。

リーダーシップマインドをどうつくるか。先に紹介した自分プロジェクトをきっかけに、私は自ら動くという「リーダーシップ」のスイッチが完全に入りました。

若手職員の皆さんなら、「SNSを使って効果的なPR」「花や絵を飾って役所の雰囲気を改善」など、十分できるはずです。オープンデータを活用した市民サービスなど、新しい取り組みやIT関係の業務は、若い職員の方が得意です。

自分プロジェクトに取り組み続ける職員は、「自分株式会社」といってもよい存在です。**所属組織と同じ目標を見据えて連携しつつも、どんどん自分なりのやり方で挑戦を続ける職員だけが、激動の時代に生き残っていけるのです。**

3

地域の課題や市民のニーズへの高いアンテナを掲げよう！

「始動力」を身につけることが必要とはいえ、実際にそうするためには、具体的にどのように動けばよいのでしょうか。

結論からいえば、とにかくまちに出ること。自分の目で見て、耳で聞いて、肌で感じるだけでも、役所に閉じこもるよりはずっと多くの刺激があります。

付け加えれば、地域で見つけるのは課題やニーズだけではありません。挑戦している人、美味しいお店や素敵な場所、イベントなどを見つけましょう。素敵な人や場所に気がつけば、連携して実現可能な取り組みのアイディアがどんどん湧いてきます。

まちに飛び出し、地域の課題やニーズをつかむ

一歩まちに出てみれば、腹の立つことや何とかしたい問題に気がつくでしょう。

例えば、私は定期的に市内の各駅で演説やビラ配りをしますので、各駅周辺の通学路の要注意箇所を把握していますし、通学時間帯に自動車がスピードを出し過ぎることも知っています。そこで、ゾーン30規制や通学路の改良工事はもちろん、通学時間帯に焦点を当てた普及啓発や取締まりを実施しています。

このように、駅立ち、市民とのランチ会、高齢者の体操教室、夏祭りなどの場でいろんな人の声に耳を傾ければ、現場の課題や不満がよくわかります。そのような課題を目の当たりにすれば、自然と、具体的な改善案を考え、行動し、改善に動こうとする気持ちが芽生えるはずです。

地域のキーパーソンを見つけ、エネルギーをもらう

まちの課題やニーズを見つけたとしても、それを具体的な形で解決することには決心と覚悟が必要です。そのハードルを越えるためにもっとも効果的なことは、まちの中にいる、**リスクを取って行動している人を見つけ、まずは話をしてみる**ことです。

最初の一歩を踏み出すときに、信頼できるメンターや仲間からは、たくさんの「前

向きなエネルギー」を浴び、自然な形で前に進むきっかけをつかむことができます。

例えば、私が生駒市に赴任したとき、100円商店街に取り組む稲森さんという文房具店の方に会いに行きました。彼から教わったまちづくりのアイディアやこれまでの経緯なども勉強になりましたが、何よりも彼の前向きなエネルギーと覚悟に触れたことが、商店街と市が連携して「まちなかバル」というイベントを行う原動力となったのです。

実際に見たことや聞いたことに共感する感受性や面白いと感じる好奇心、見つけた課題を解決したり、素敵な地域資源を活かしたまちづくりを何とか具体化しようとする意思・行動力等のすべてが始動力につながりますが、まちに飛び出し人と出会うことで、これらの力は磨かれ、行動へのモチベーションを与えてもらえるのです。

事業者や専門家とどんどんつながろう!

地域の人や場所などの資源を探し、具体的に連携することが地方創生では何よりも大切なことですが、これからは外部の専門家や事業者などの力を借りて、より効果的に地域の取り組みを進めることがどうしても必要となります。

例えば、住宅都市で、これまで観光や農業、産業振興に力を入れていなかった地域では、地元の関係者だけでなく、他の地域で実績のある専門家にも力を借りた方が効果的に取り組みが進むでしょう。ＡＩやＩＴの最先端の動きや、国際的な事業を具体化するときにも、外部の専門家に力を借りる必要があります。

その際、**外部の専門家、すなわち、事業者、大学、ＮＰＯ法人などと連携するには、まずは提案をじっくり聞きましょう**。当たり前のことですが、仕事が増えることを嫌う自治体の姿勢では、事業者からの有益な提案に耳を傾けることすら厭い、せっかくのチャンスを逃してしまうことがあるのです。

逆にいえば、採否はともかく、**事業者等からの提案はすべて聞きます、という姿勢を明確にする**だけで、外部の専門家からの情報や提案が集まり、地方創生時代の自治体職員のあなたにとって大きな価値となるのです。

もちろん、提案にしっかり耳を傾けたうえで、少しずつでも提案を形にしようと真剣に取り組む姿勢も必要です。提案しても動かない自治体職員にはいずれ情報は来なくなります。市民にとってマイナスの提案はいけませんが、マイナスでなければどんどん地域で実証実験をやろうという気概で、新しい挑戦に取り組む姿勢が共感とさらなる提案を生みだすのです。

4

先進的施策を徹底的に真似し、プラスアルファしよう！

公務員にとって、他の自治体の取り組みは参考になる事例の宝庫です。

始動力を発揮するには、やりたい仕事や取り組みが具体的にイメージできている必要がありますが、それを地域から得る場合もあれば、他の自治体の先進事例から学んで得ることもあります。他の自治体の先進事例を「徹底的にパクる」、頭文字をとって「ＴＴＰ」の考え方はまだまだ有用で、公務員の基本的なスキルです。

真似をした後で、地域に合う形に改良（プラスアルファ）すればよいのです。

先進事例を徹底的にパクる（ＴＴＰ）ことから始めよう

生駒市が取り組む「地域に飛び出す職員を応援する副業制度」――全国的な注目を

いただいているこの取り組みは、神戸市の事例を参考にし、生駒市に合わせてアレンジしたものです。また、生駒市で取り組む自治体電力会社の取り組みも、福岡県みやま市の先進事例を大いに参考にしています。

市町村だけでも全国に１７００以上あるのですから、先進事例を調べ、地域の課題やニーズに照らして適切なものを取り入れるだけで、自治体は見違えるように変わります。そして何より、**他の先進事例に学ぶことにより、自然と新しい取り組みを行うモチベーションも高まり、アイディアも湧いて、始動力が高まります。**

良い仕事をする自治体職員は、多くの場合、他の自治体で活躍する職員たちと強いネットワークを持っています。このネットワークから学ぶことも多いうえに、ネットワークの動きについていったり、自分からも発信するため、「自分も研鑽しなければ」という気持ちが自然と醸成されます。この好循環により、**ネットワーク外の職員と比べて、知見の深さはもちろん、始動力の強さでどんどん差がついていくのです。**

したがって、現在担当している業務に関して、特に先進的とされる自治体やその取り組みを定期的に観察し、面白い事例を見つけたら、自分のまちで実施できないかを本気で考えましょう。必要なら先進自治体を訪ねて担当者と話し、現場を見に行きます。その担当者と仲良くなって、定期的に意見交換できるようになるとベストです。

国の事業をチェックする

国や都道府県の補助事業やモデル事業などを切り口に、自治体でやるべき取り組みを見つけて始動力につなげることもお勧めです。

担当業務に関係する分野だけでも、各省の予算概要や重点事項をしっかり読み、活用できそうな事業を探す習慣を身につけましょう。いろいろ研究した後、ネットではわからない具体的な質問が生じたときなどは、気兼ねせずに直接各省に連絡をとって、アイディアを具体化してみましょう。

ここぞとばかりに、各省の担当者に「○○市には元気な職員がいる」「△△市は本気でこの分野に取り組む姿勢がある」とインプットできればベストです。国の担当者等からも期待され、**「今年度はこんな事業をしますが一緒にやりませんか」というお誘いが来る公務員になる**でしょう。そういう環境やネットワークをつくっておけば自然と始動力を発揮し続けることができるからです。

国家公務員時代の私の経験からいえば、各省の担当者は市町村の先進事例を常にアンテナを高く張って探しています。地域の先進事例はうまく全国的に横展開することで、予算も確保でき、成果も上がるからです。市町村が本気で取り組めば、国も本気で連携・支援してくれるはずです。

公務員有志の集まりが大切な理由

公務員の有志が集まって事例発表や勉強会をしたり、飲み会で交流を深める場は、どの地域にもあります。始動力を発揮して行動できる公務員は、各自治体においてまだ少数派なので、日頃、組織内で「出る杭」として打たれている人が多いのが現状です。こういう有志の集まりは、始動力を持つ公務員たちが「やっぱり自分は間違っていないよな」「お互い頑張ろうな」と想いを新たにし、エネルギーを得て再び各自治体での孤独な戦いに赴くための、**想いの確認と再活性化の儀式**ともいえます。

何事も１人で取り組むのは大変なことです。他の自治体の仲間と力を合わせて、始動力を発揮した取り組みを進めていこうではありませんか。

5

常識にとらわれず、タブーに挑戦する「突破力」を身につけよう！

今後はＡＩやＩＴの進展、国際化、少子高齢化・人口減少など、想像を絶する大きな変化が到来するので、現状維持はもちろん、改善作業だけに取り組んでも中期的には及第点はもらえません。改善作業を続けながら、中期的には、破壊的創造に近い組織改革やビジョン策定などに挑戦する「突破力」を身につけましょう。

常識を破壊する突破力で3つの縦割りを突破する！

「始動力」を発揮しようとがんばる若手職員に、私はまず**「シングルヒット」を狙う**ようにいいます。いきなり大きな改革を提唱してもうまくいかないので、職場環境の改善、業務効率化に加え、他の先進事例の模倣と改良などが実現できればまずは合格点だと伝えています。この小さな成功が、次の挑戦への自信やスイッチになるからです。

しかし、このような活動により一定の信頼を積み重ねた後に必要なのが、単なる「始動力」ではなく、これまでのタブーや常識を破壊する「突破力」です。

社会が大きく動いている今、昨年度と同じ業務をそつなくこなすような現状維持は後退を意味します。不断の改善作業を続けながら、**破壊的創造に近い、悪しき常識を打ち破る組織改革やビジョン策定**などに取り組まなければ、中期的に、自治体は「消滅」の危機に直面します。

変えていくべき常識を突破していくためには、これまでの公務員が陥っていた３つの縦割りを取り払い、広い視野や相互の連携を柔軟に考えていくことが必要です。

第一に「テーマ・分野」の縦割り。例えば、買い物難民問題を取り上げても、高齢者福祉はもちろん、交通政策、自治会などの助け合いの活動支援、小売店と大規模店舗の関係など、さまざまな要素が絡み合い、１つの担当課で対応するのはとうてい無理です。しかし、このような課題が見えてきたときに、縦割りに陥って動きを止めてはいけません。**これからの自治体運営の面白さは市民や事業者との協創と、他分野をつないで化学反応を起こすこと**です。関係者の調整は大変ですが、連携の力を引き出せればこれまで以上の大きな成果を挙げ、達成感を味わうことができます。例えば、高齢者福祉部署が他の関係部署と積極的にコミュニケーションをとったり、市長などをトップに据えたプロジェクトチームをつくり、関係者間の連携を効果的に推進するなどです。

第二に、「官か、民か」という縦割り。今こそ、「官」対「民」という無意味な二元論を卒業し、両者が力を合わせて地域課題や市民ニーズに応える「協創」の具体化を考える時代です。もちろんそのためには、行政しかできないことはスピード感を持って対応するのは当然です。この点については、後ほど具体例を詳述します。

第三に、「地理的」な縦割り。近年、自治体行政において、さまざまな広域化が議論され、実行されています。2018年7月に総務省に提出された「自治体戦略2040構想研究会　第二次報告」でも、各市町村が行政サービスや施設をフルセットで提供・保有する考えを改め、中心となる都市がある場合はその都市を中心としていくつかの自治体が協力・役割分担しながら行政運営をしていく「圏域」という概念を提唱したほか、中心となる都市がない場合は、県と市町村の二層制を柔軟化し、県が広域調整機能を発揮するべきとも提言しています。

「圏域」という概念が国・都道府県・市町村という3層構造を一層複雑化させるこ

とのデメリットや、都道府県が過度に広域調整機能を発揮することが市町村の地方分権を阻害しないのか、などについての検証も必要ですが、業務内容や地域の実情によって、多様な役割分担や協力体制が生まれることは重要な方向性だと考えます。

変化に適応するものだけが生き残る

進化論で有名なチャールズ・ダーウィンは「もっとも力が強いもの、もっとも賢いものが生き残るのではない。唯一生き残ることができるのは、変化にもっともよく適応したものである」といっています。自治体も「消滅」する時代といわれ、社会が急激な変化を迎えている今、破壊的創造の手を休めず変化し続けることが生き残るための唯一の道なのです。自治体職員も社会の最先端の動きを学び、これまでの常識を疑い、タブーに挑戦する姿勢こそ大切にしなければなりません。

有名なスタンフォード大学卒業式の演説でアップル社のスティーブ・ジョブズが述べたように、〝Stay hungry, Stay foolish.〟の精神が、今ほど自治体職員に必要になったことはないのです。

6

市民に汗をかいてもらう「自治体3・0」を目指そう！

「自治体2・0」「自治体3・0」という言葉を聞いたことはありますか。

市民を「お客様」ととらえ、ニーズに応え続けようとする自治体を2・0とすれば、行政でないとできない業務以外は、市民や事業者、専門家を「まちづくりの担い手」ととらえ、ともに汗をかいてまちづくりに取り組むのが「自治体3・0」です。

これからは「自治体2・0」だけではなく、「自治体3・0」の考え方で自治体を経営する必要があります。

「自治体2・0」の功罪

「自治体1・0」とは、人口減少や少子高齢化をはじめとする大きな社会的課題に直面しても「もうしばらくは何とかなる」「仕方ない」「国が何とかしてくれる」という考え方で、市民への接遇も、前向きに仕事を進める姿勢にも乏しい自治体です。

「自治体2・0」とは、「自治体1・0」に対する市民やメディアからの批判が集まる中、「改革派」といわれる首長が登場し、民間企業のスピード感やコスト意識を持って、財政再建・行政改革などに取り組み、「市民はお客様」という意識で接遇の改善はもちろん、市民のニーズに応え続けようとする自治体です。

しかし、この「自治体2・0」にはいくつかの課題も顕在化しています。第一に、多様化・専門化する市民ニーズのすべてに、自治体職員だけでは到底対応できないことです。

第二に、「自治体2・0」では、首長のトップダウンが強すぎて、職員が育たないことです。トップの指示に応えることに職員が精いっぱいで、職員が自分で考え、行動する「自立性」が育ちにくく、「お上に頼る」市民意識も助長してしまうのです。

社会の変化と「自治体3・0」の出現

これからの自治体や公務員のあり方を語るとき、「自治体3・0」の概念を理解しておきましょう。「自治体3・0」とは、行政しかできないことは「自治体2・0」のスピード感を持って取り組みつつ、それ以外の市民ニーズについては「みんなの課題はみんなで解決」を基本として、市民にも積極的に汗をかいていただき、行政に足りない専門性などは事業者や専門家にも補完していただきながら、**市民力、すなわち「地域愛＋まちづくりへの行動力」を最大限活かしたまちづくり**を進める自治体です。

「自治体3・0」の担い手は市民！

このような「自治体3・0」の出現には、大きな社会的変化が関係しています。多くの自治体で、職員数も予算も減少する中、多様化する市民ニーズに行政がすべて対応することは不可能で、市民や事業者、専門家の力を借りることが不可欠です。

一方で、リタイア層の地域デビュー、主婦層のコミュニティへの関心、事業者によるCSV意識、大学の実学意識などがこれまでにないほど高まりを見せており、まちづくりの担い手は幅広さも厚みも増しています。

例えば、生駒市では「いこまち宣伝部」という活動があります。通常、地域の情報や魅力の発信は自治体が担っており、事業者に委託することはあっても、個々の市民に発信をお願いする自治体は多くありません。しかし、生駒市では、宣伝部員となった市民が、地域の魅力的な人、場所、物、イベントなどを探し出し、記者さながらに取材して、月に２本の記事を市の公式フェイスブックページに投稿しています。市の魅力を探し出し、記事にする作業の中で、宣伝部員は自然に、生駒市への地域愛や誇りを醸成していきます。この事業は、まさに「自治体３・０」の具体化であり、生駒市の自慢の取り組みです。

市民に汗をかいてもらってまちづくりを進めた方が、要望に応え続けるまちづくりよりも市民満足度や定住希望率の向上につながります。汗をかいた経験が、地域への愛・誇りをさらに強め、次のまちづくりの行動につながっていくのが理想なのです。

したがって、自治体職員も「自治体３・０」に対応できるよう進化を遂げなければなりません。

まず、行政がやるべきことは全力かつ迅速に対応して市民の信頼を得ることです。そのうえで、市民などに汗をかいてもらえる業務については担い手を見つけ、コミュニケーションを通じて信頼関係を築きましょう。どんどん地域に飛び出す公務員こそが、楽しく仕事して、活躍できるのです。

7 協創の力でまちづくりのチームをつくろう！

「自治体3・0」を実現するうえで、一番現場に近い公務員は市町村職員です。「現場からの近さ」は、役所に来る人に対応するだけの「待ち」の姿勢だと辛いこともありますが、主体的にまちに飛び出す「攻め」の姿勢だと、楽しみ、やりがいになります。

まずは、まちの素敵な人、場所、物、イベントなどを100個いえるようになることが目標ですが、そのためには「協創」の力が効果を発揮します。

「協創の力」とは何か

協創の力とは「いろんな人と出会い、信頼関係を築き、市民ニーズや地域の課題に

対し、お互いがプラスとなる形で連携して解決する力」です。より具体的にいえば、

- まちに飛び出す行動力があり、素敵な人や場所、活動を知っている
- 出会った人とまちづくりについてコミュニケーションし、形にする企画力がある
- 関係者が協力したくなる人柄や説得力がある、自身も汗をかいた経験がある
- 市民との協働事業を行政組織内で具体化するために上司を説得する力がある
- まちのために活動する人を応援し、モチベーションを上げる方法を知っている

という力に細分化されます。

「協創の力」をつけるためには、まず、地域に飛び出すことが必要です。公務員、特に市町村職員は役所にこもってはいけません。

ワークショップは人材をスカウトする場

いきなり飛び出せといわれても……と躊躇する方に、協創の力を実現する仕掛けとして、お勧めするのがワークショップです。ワークショップの目的は状況によって異なります。まちづくりのアイディアを出してもらうものもあれば、参加者の交流促進

や行政への要望をとことん話してもらうものもあります。

しかし、生駒市における**ワークショップの目的は、主に人材のスカウト**にあります。まちづくりのアイディアを出してもらいつつ、そのアイディアを発表した人が実現の「担い手」として活躍できるための場・仕掛けがワークショップなのです。

そのため、**ワークショップは1回で終わりでなく、少なくとも3回を1セットにする**必要があります。1回だけのワークショップでは自己紹介とか、市民の意見、批判、要望だけで時間オーバーになりますが、3回やると市民の要望や理想を実現するために、行政でやるべきことのほか、市民が自分たちでもできることがあるんじゃないか、と考える時間があります。おまけに、3回やると同じ想いやアイディアを持った市民同士が仲良くなり、グループになってくれるので、アイディアを具体化するときに「1人では恥ずかしいけどグループで一緒ならやります」といってくれます。

このような人たちを実際にまちづくりに巻き込むためには、人材を発掘して想いをつなげるワークショップという場が最適なのです。

書類を捨てよ、まちに出よう!

ワークショップを開くまでもなく、「まちのキーパーソン」を見つけるのは難しいことではありません。市の広報紙やウェブサイトを見たり、新聞やテレビの「人」に関係する記事に注目したり、先輩職員に聞いたり、素敵な市民から他の素敵な市民を教えてもらいましょう。素敵な人が集まりそうな地域のイベントを見つけて自ら足を運ぶことも効果的です。

地域には、育児サークル、介護予防体操、観光、環境美化など、テーマを深く掘り下げて活動する多くの市民がいます。現場をよく知り、専門的知識も豊富で、具体的な要望だけでなく、解決方法のアイディアを持ち、アイディアを実行する際には強力なパートナーとなります。こういう人にあいさつを兼ねてお話を伺いに行くのです。**公務員は市民からの信頼もまだ厚く「話を聞きたい」とお願いして断られることはあまりありません。**この「信頼」という特権を最大限活用しなければ仕事の面白みは半減します。「現場に行っても、いつも要望されたり、怒られたりするだけ」という人もいるかもしれませんが、自ら進んで地域に飛び出せば、行く場所、会う人はこちらで決められるのです。

さあ、さっそくまちに飛び出してみませんか。

8
高齢者、主婦、学生から現役世代まで市民の持つパワーを引き出す

これからの自治体職員は、仕事を退職した高齢者をまちづくりに巻き込めるかが腕の見せどころ。「図書館に集まる高齢者をまちへ！」がキーワードです。高齢者に毎日楽しく安心して「余生」を暮らしてもらうことだけが、自治体の仕事ではありません。高齢者がまちづくりに汗をかく自治体だけが高齢化社会を乗り越えることができるのです。

高齢者を図書館からまちに導く「地域デビュー」

第一次ベビーブームに生まれた団塊の世代が大量に退職を迎え、これまでは仕事のため大都市に通勤していた住民の皆さんを、地域の図書館や公民館などで見かけるこ

とが増えてきました。特に生駒市のような住宅都市では顕著です。

その最大の理由は「人生１００年時代」。現在、65歳の方の平均余命は、男性で19・55年（84・６歳）、女性で24・38年（89・４歳）です（厚生労働省、平成28年簡易生命表）。まさに「人生１００年時代」が近づいており**「余生を楽しむ」という言葉は確実に死語になりつつあります。**65歳で退職しても人生はまだ20年以上あるので、地域で何か打ち込むことをつくらないと退職後の時間を楽しく元気に暮らすのは難しいのです。

したがって、地域の活動に参加したい、これまでの仕事の知見も活かしてまちづくりにデビューしたいという意欲を持った人に、きっかけや場を提供し、背中をそっと押すのが自治体の仕事です。「地域デビュー」をしっかり応援し、「高齢化をネガティブワードにしない」まちだけが少子高齢化を生き延びることができるのです。

高齢者を単に「守るべき存在」と考える自治体は今後、急速に苦しくなります。

フルタイムだけではない、働き方の多様化

働き方改革が進めば、保育園が整備され、フルタイムで大都市で働く女性も増えま

す。一方で、フルタイムで働く以外の多様な働き方を選択肢として準備し、女性の就業や活躍の場を整備するのも、自治体の役割です。

「自宅の近くで働きたい（自宅で働きたい）」という声に対し、生駒市ではテレワークで勤務可能なサテライトオフィス「イコマド」を駅前に開設しました。「育児や介護などで突発的な事案が発生した時にも安心して働ける環境が欲しい」という声に応えるため、お互い助け合いながら1つの仕事を分担して完成させるコワーキングへの支援、起業を目指す方への経営支援セミナーを実施しています。

このように地域に根差した多様な働き方は、自治体の側から見れば、仕事以外の時間を地域活動にも使ってもらえるということにもなります。実際に生駒市で柔軟な働き方をしている女性は、特技やスキルを活かしてまちづくりにも積極的に参加してくださっていますし、子育てサロンの経営や地元でのマルシェの開催など、仕事を通じてまちづくりに参加する女性や高齢者も増えています。

従来の**「フルタイムか、専業主婦か」の二択ではない、多様な働き方とコミュニティへの参加**の選択肢を示し、きっかけや場を提供することが、これからの自治体ができる働き方支援であり、それがまちづくりの担い手の育成にもつながるのです。

学生は社会に出る前に地域に出る！

地域社会におけるまちづくりの担い手として、学生の力も決して小さくありません。近年、就職活動などに活かす意味もあって、インターンや現場経験を積もうとする学生が増え、大学も実学を重視してこのような学生の動きを応援しています。その結果、地域活動の担い手として学生に活躍の場を用意することが、自治体の合理的な戦略になっています。

若者や学生は時代の最先端にいます。これからの激動の時代、ベテランの知見が以前ほど通用しません。むしろ新しい感覚を持ち、**しがらみにとらわれない若者の発想と行動力を自治体がうまく引き出すことで、学生がまちづくりの大きな戦力となる**のです。

市民はまちづくりの最大のパートナーです。高齢者、専業主婦、学生には大きな可能性がまだまだ残されています。行政がこのような市民に適切な場や機会を用意し、市民がワークやライフだけでなくコミュニティを意識し、行動したとき、まちは、「自治体３・０」という次のステージに進むことができるのです。

9

専門家の持つスキルと知見を活かせるか

以前ほど聞かなくなった「新しい公共」という言葉ですが、市民や企業以外に、ＮＰＯ法人やソーシャルビジネス、コミュニティビジネスに取り組む人たちは、今も地域課題に熱心に取り組んでいます。

市民の力に加え、このような事業者やＮＰＯ法人、専門家などの力はぜひともお借りしましょう。彼らは特定分野のエキスパートであると同時に、自治体職員も舌を巻くほど自治体の取り組みに積極的に協力してくださるからです。

ＮＰＯ法人、社会的企業などの力を活かす！

発達障害や買い物難民など、新しい動きが激しい地域課題や、多様化・専門化する市民ニーズに対応するに当たり、ＮＰＯ法人などは、自分たちが強く関心を持っている特定分野については、行政もかなわないほどの高度の専門性やスキル、マンパワーを有しています。彼らは、専門性を活かして地域課題に熱心に取り組んでおり、行政と連携した課題解決はもとより、それをビジネスチャンスととらえてうまく事業展開し、経営を順調に進める法人も増えてきました。行政にとっても頼もしいパートナーであり、だからこそ具体的な連携を進めない理由はありません。

事業者のＣＳＲからＣＳＶへの変化とＳＤＧｓ

地域課題の担い手として存在感を増しているのが民間企業です。

これまでは、社会的な課題に対し、企業は対応する責任があるという考え方（ＣＳＲ）が浸透していましたが、ＣＳＲには社会貢献的な色合いが強く出ています。

これに対して、前述した共有価値の創造（ＣＳＶ）は、単なる社会貢献ではなく、社会的な活動が企業利益と連動することを強調する概念です。

例えば、省エネ性に優れた製品を開発して環境問題に寄与しながら大きな売り上げ・利益を上げることができれば立派なＣＳＶですが、企業が社会的に意義のある製品を開発しても利益が出なければCSVとはいいきれないというのです。

近年では、SDGs（国連の持続可能な開発目標）の概念も広く浸透しており、SDGsを企業経営に盛り込んだ企業を対象とした金融商品が販売されたり、多くの投資を集めていることが報告されています。

このように、CSV意識が高く、SDGsなどに取り組む企業と自治体が連携して地域課題を解決し、市民にも自治体にも企業にもプラスをもたらす関係をつくれるか、が大きなポイントとなっていくのです。

シェアリングエコノミーの可能性

第2章で述べたCSV経営の一環ともいえますが、近年勢いを増しているのが、シェアリングエコノミーです。有名なところでは、民泊の「Airbnb」や配車サービスの「Uber」がありますが、市民の多様なニーズに合わせて、シェアリングエコノミーも多様化しています。すべての市民ニーズに行政だけで応えることが不可能な時代には、市民同士で支えあっていただくことが大切で、時間的な余裕のある人、経済的な余裕がある人、家や駐車場などのスペースを持っている人、スキルを持っている人などが、その**余剰分をシェアしあうことで、行政が関与せずとも市民の満足度を上げることが可能**です。

シェアリングエコノミーのポテンシャルは大きいのですが、地域にしっかりと根を張り切れていない会社もまだまだあります。

自治体職員が率先して、広報や事業者への信頼付与など支援しながら、シェアリングエコノミーの持つ専門性や市民同士をつなぐシステムの力を借りれば、地域課題の解決に一層効果的に取り組めるはずです。

このように、今まで公的な課題の担い手として想定されていなかったり、一部だけの関与にとどまっていた主体が、新たに役割や存在価値を増したり、事業者のような既存の主体も公的な課題に一層関心を強めたりしています。**多様化する公的な課題には、多様な主体の力を借りて解決を目指す**ことが問題解決のカギとなるのです。

10

市民や事業者とのつながりを具体化するスキル

地域に飛び出して素敵な人や店、事業者や専門家などとつながりができた後、連携して具体的な成果を上げるためには、コミュニケーションスキルを磨いたり、市民以上に汗をかいたりしながら、市民や上司などの信頼を勝ち取る必要があります。

生駒市が職員の副業を促進する理由

市民との信頼関係を構築するには、コミュニケーションをしっかりとること、そして、あなたの人柄や人間性を評価してもらうことが不可欠です。人柄というと天性の部分も大きいですが、「人間力」は、後天的にどんどん身につけ、磨くことができます。例えば、**相手と同じか、それ以上に汗をかいた経験があれば、あなたに対する信**

頼感が生まれ、大きな説得力となるのです。

そこで、生駒市では、地域に飛び出し、まちづくりに貢献する活動を推奨し、その中で発生する報酬を受け取っても良いとする「副業の基準」を整備しました。我々が、市民にもまちづくりのために汗をかいてもらう「自治体3・0」のまちづくりをお願いする以上、市町村職員自身も「一市民」として、しっかり地域に飛び出さないと説得力がないからです。

また、地域に飛び出す活動は、職員の人生を考えたときにもきっとプラスになるほか、地域活動から学んだことや人的なつながりが公務員としての本業に役立つこともあります。

上司をマネジメントするのは部下の役割

市民の信頼を得て、ともに協創のまちづくりに向けた具体的な活動を始めた後、それを自治体の取り組みとして進める場合に大切になるのが**上司を説得する力「ボスマネジメント」**です。

これがうまくいかないと、市民と約束した事業がいつまでも前に進まず、市民のモチベーションが下がって、その後の協力を得ることが難しくなります。

上司を説得するために、まず意識すべきは、本業でしっかりと信頼される職員になることです。協創や自分プロジェクトに取り組むあまり、上司からいわれた仕事や課の定常業務をおろそかにするようなら、明らかに本末転倒です。したがって、1年目は組織の仕事のやり方を尊重しつつ、速やかに業務を習得してください。2年目以降に花を咲かせるために1年目は力をためておいても遅くありません。

念のため断っておくと、私は「**本業をしっかりできるようになった後でなければ、自分プロジェクトや地域に飛び出す活動はしてはいけない**」という**管理職は失格**だと思っています。協創に取り組む職員は、むしろ本業への責任感がより高まりますし、協創から得た経験を本業に活かすこともできるからです。

しかし、残念ながら今の自治体組織では、協創や自主的な取り組みに理解のある管理職はまだ不十分であり、理解がある人でもその多くは「本業優先」と考えているのが現実でしょう。したがって、まずは、本業でしっかり信頼を勝ち取れるよう取り組むことが重要となるわけです。

市民との協創を継続・発展させるために

自治体職員の大切な役割として、「地域のコーディネーター」があります。前向きな方同士、面白い取り組み同士をつなげることで、さらなる化学反応を生み出すのです。生駒市でも、地域の活性化のためのイベントを行う団体に別のＩＴ関係者を紹介したら、一気に大きな成果が出て、双方がまちづくりのキープレイヤーになったという事例があります。成果が上がることはもちろん、前向きな人同士が出会うことで、地域活動へのモチベーションを上げていただくことが可能となるのです。

また、市民との協創による事業を、自治体が広報等でＰＲすることも市民との協創を継続・発展させるうえで効果的ですし、行政が報道各社に協創の取り組みを紹介し、取材を依頼することもあります。首長が自ら活動を訪問したり、話を聞いたりするほか、活動を表彰したり、国の表彰制度を紹介・推薦することもあります。

地域に貢献する市民の多くは、その事業が多くの皆様に認知され、感謝されることが何よりの大きな自信と励みになります。そのような機会をしっかりと確保し、**光を当て続ける努力が協創を継続・発展させていく**のです。

11

生産性を上げるところから　すべてはスタートする

「通常業務に追われて、地域に飛び出したり、自分プロジェクトをする時間がない」

こんな声をよく聞きます。

私は、何はともあれ自分プロジェクトを始めれば、それ以外の業務は自然と効率化できると考えていますが、ここでは、皆さんの生産性を上げるためのとっておきのノウハウとして、「捨てる技術」と「60点で返す習慣」についても触れておきます。

仕事はどんどん捨てよう

自治体職員には大小さまざまな案件が押し寄せます。そのすべてに対して100点目指して取り組んでいたら、いくら残業しても時間が足りません。そこで必要なのは、**若いうちに「捨てる訓練」をＯＪＴで積んでおく**ことです。

そうはいっても、新規採用職員は、捨ててもよい案件を容易に判断できないでしょうから、係長やメンター職員が付き添う形で、一つひとつ業務を取捨選択する作業を続けましょう。公務員の業務サイクルは1年が基本なので、これを1年続けると、ほとんどの業務について重要性の判断、取捨選択が可能になります。

そうすると、定常的業務の棚卸しが自分でできるようになります。「当たり前のように続けている業務だけど、市民ニーズはなくなっているのではないか」「作業プロセスのこの部分はＩＴ化すれば省けるのでは」などと発想するセンス、それを実行する勇気が身につくからです。自分プロジェクトの第一弾として、自分で業務仕分けをやってみてください。

また、日頃の業務を顧みれば、業務発注はほとんどがネット経由でやってきます。便利な一方、「とりあえず」「念のため」という発注や、何の付加価値もつけない安易な転送による情報提供や作業依頼が増えていませんか。そこで、安易な転送による発注があれば、発注者に作業の必要性や意図（どうしてあなたにこの発注をしたのか）など、しっかり問いただしてみてください。そうすれば発注者もより深く考えて発注するようになり、あなたの手を煩わせる雑件は減ります。

正確性よりスピード！

これからの公務員が重視すべきは完成度よりスピードです。

1人でやる作業の限界効用が高いのは50～60点レベルまででしょう。80点以上の部分は上司の趣味や価値観も入りますから、その部分に時間を費やす必要はなく、さっさと返す方が上司にとってもあなたにとっても適切な対応です。

「まじめで正確」という公務員の美徳は過去のものとなっています。そこから脱却して、これからの時代は、変化し続ける社会と市民ニーズに対し、スピード感を持って効果的に対応することが不可欠です。「ここまでやってくれたら後は自分で手を入れようか」と上司が納得するレベル、すなわち**「60点」を目指せば十分**ですが、逆に、返すまでの時間には、上司が驚くほどのスピード感を持っていただきたいのです。

初動で作業を半分終わらせるための工夫

もう1つ、簡単に50～60点を取るための工夫をお伝えします。

それは、依頼を受けた時に、作業を半分は終わらせておくことです。つまり、作業発注の際に、趣旨や背景、作業の方向性やアウトプットのイメージ、どの程度の完成度を求めるのか等について、その場で上司としっかり詰めておくのです。

そうすれば、あとは肉付けをしていくだけです。上司の期待以上に無駄に完成度を上げることもなく、方向性の相違による差し戻しもなく、結果的に上司も満足のいく成果を短時間で出せるのです。

生産性向上は目的ではなく手段です。

行政の世界に、効率という概念すら乏しかった時代を経て、今は「自治体２・０」のような生産性の向上や「効率的な」行政運営が進んでいます。しかし、生産性の向上によって生まれた時間やマンパワーを活用し、地域に飛び出すことによる市民との協創や、自分プロジェクトに代表される始動力の発揮など「効果的な」行政運営に活用してこそ、生産性を向上させた意味が出てくることを忘れないでください。

12
公務員をやめても食べていける専門性を身につける

「あなたが仕事で得た専門性は何ですか」

もし、面接でこのように質問されたら、皆さんは瞬時にはっきりと答えることができますか。これからは、公務員も自分の専門性を強く意識しなければなりません。

ゼネラリストからスペシャリストへ

これまで公務員はゼネラリストでなければならないといわれてきました。

国家公務員の総合職採用の職員は、少なくとも2、3年に1回の異動を繰り返し、専門力よりは総合力を求められてきました。自治体では、国家公務員よりも異動サイクルは長めですが、福祉部門を担当していた職員が農業部門に異動するなど、異動の幅が広いのが特徴で専門家が育ちにくい環境があります。

確かに、若いうちはいろんな経験も必要でしょうし、幹部になれば専門性よりも管理能力や俯瞰的な視座の方が重要になる場面もあります。それでもなお、これからは、**公務員も専門性を重視する時代になっていく**ことは間違いありません。市民ニーズや地域課題の専門化に応える力が一層強く求められるからです。

例えば、発達障害に関する医学的な知見の集積や常識の変化についていくには、大変高い専門性が必要です。専門家と議論し、具体的な自治体の取り組みを進める人材になるには、同じポジションに数年配置することが望ましいでしょう。

また、行政課題に対応するため、外部から専門家を呼んでくることも増えますが、外部の専門家と議論し、その内容を理解できる職員はますます必要となります。こういうチャンスを逃さないためにも、自ら専門性を身につけようと貪欲に学び、行動する姿勢が職員に求められます。

専門性はどの部署でも学べる

一方で、「自分には専門性がない」「どうやって専門性を身につければよいのか」と慌てることはありません。**そもそも専門性とは特定の限られた分野のものではなく、役所のすべての部署で必要**となるものです。逆にいえば、**どの部署に配属されても学ぶべき、また、身につけるべき専門性が存在**します。専門性を意識して研鑽し、仕事で取り組めば、専門性は誰でも、いつからでも身につけることが可能です。

税の知識はどの部署に異動しても重要な知見になりますし、生活保護を担当すれば生活困窮者に関係するさまざまな制度に詳しくなります。窓口業務も、市民とのコミュニケーションスキルを磨き、ＩＴやＡＩを活用して業務効率化を進めるような取り組みを実現できれば、自ずと専門性は身についていくはずです。

特に、制度上、市町村の権限や義務が強化されたときや、新しい課題に役所組織を挙げて取り組むようなタイミングは、重要な専門性を身につけるチャンスでもあります。新しい課題や制度については組織に専門家がほとんどいませんから、若手が専門性を身につけて活躍する余地が大いにあるのです。

1つの専門性では勝てない時代（専門性のかけ合わせ）

ただし、これからは1つの専門性だけではなかなか食べていけない時代であることも事実です。１つの専門性だけで対応できる単純な課題がほとんどなくなるからです。

例えば、冒頭に述べた福祉分野から農業分野への異動も、障害者福祉の専門家が、「農福連携」による障害者の就労支援や、生きがい・健康づくりのために農業を学びたい、障害者福祉の視点を農業に入れたいという趣旨の異動なら大きな意味がありま す。複雑化していく課題に対応して、**専門性のかけ合わせにより自分の価値を高めていく視点を持つことが大切**です。

逆に、長年同じ部署に配属されている人も、常に新しい変化を取り入れて他分野と連携し、自身の専門性に他の視点を加えながら高めていくことが必要です。

自治体職員も、異動した先の部署でどのような専門性が身につけられるのか？　また、その専門性とこれまでの経験を組み合わせて、どのような専門性をつくり上げ、自らのキャリアを確立するのか？　これは上司も組織も考えてはくれません。あなた自身が真剣に考える必要があるのです。

13

国・都道府県と市町村を真に対等な関係にする仕事の進め方

生駒市には高齢者福祉で全国的に有名な職員がいます。

彼女には厚生労働省が制度を策定するときに、その案で現場は回るかどうか、また、制度案への助言を求めて連絡が入ります。しかし、逆に、市町村が直接国に連絡したら、都道府県や国に怒られることがあります。

地方分権の時代といわれ、形のうえでは、国・都道府県・市町村は対等の関係だといわれていますが、実際にはまだまだ平等になったとはいえません。

真にこの三者が対等な社会を実現するには、国や都道府県の意識改革は当然ながら、市町村も主体性を持って、国に頼らずやり切る気概を見せる必要があります。双方からの動きが進んで初めてわが国に本当の「地方創生」が実現するのです。

そのためには、職員の皆さんが受け継いできた古い意識を捨てて、新しい意識を持って日々の仕事に取り組むことが必要なのです。

市町村が直接国に問い合わせしたら怒られる？

国家公務員をやめて生駒市に着任した時にびっくりしたことの1つが「市町村が直接国に連絡したら怒られる」というウソのような本当の話です。当たり前ですが、市町村が独自で取り組んでいる案件で、霞が関の各省に関する質問は直接各省に連絡をすべきであり、都道府県を経由する必要はありません。しかし、このような問い合わせに対し、各省が「都道府県を通せ」、県の担当者が「直接国に電話するな」と怒ることがあるのが現状です。

もちろんすべての国家公務員がこんな対応をするわけではありません。まっとうな国家公務員は、先進的な自治体や職員とつながりを持ち、現場で効果的に機能する制度やルールを策定しようとしています。霞が関の各省と自治体とが生産的な関係を持てるように、頑張っている自治体や挑戦する自治体を応援できなければ、国の存在意義はありません。

市町村職員にできないことはほとんどない

生駒市が全国に先駆けて取り組んでいる「地域に飛び出す公務員の副業を支援する制度」は、地方公務員法を盾にとって、やらない理由を探すこともできたでしょう。ですが、当市は法令をしっかりと読みこんで、当市では一定の基準や手続きさえクリアすれば副業を禁止する理由は何もない、と前向きに整理しています。

例えば、「法令に市町村がやる根拠規定がないからできません」という自治体の職員は、仮に法令が整備されても大したことはできません。法律に規定がなければやってはダメということではなく、**「法律に明確に禁止されてなかったら挑戦すればよい」**と読み替えればよいのです。

実際、法令をやたら厳格に解釈して「やらない理由」を必死で探す公務員もまだたくさんいます。そのエネルギーを「できる方法」探しに使ってください。

事の本質は法令や制度の問題というよりは、自治体が社会の動きを見据え、具体的に前に進む気概があるかどうかの問題です。目の前に困っている人がいるのに、「国の仕事だ」「県の仕事だ」といったり、やらない理由を一生懸命探す自治体（職員）

には、地方分権・創生を語る資格もなければ未来もありません。

市民とともに汗をかく自治体になろう！

市民に耳触りのいいことだけいって、問題を先送りにする自治体は今後確実に消滅します。**市民とともに汗をかくまちづくりの方が、すべてを行政がお膳立てするよりも市民の満足度が高い**からです。未来の自治体は、「自治体３・０」、つまり、市民に汗をかいてもらうまちづくりに本気で取り組むことがカギになります。

逆にいえば、**このような覚悟でまちづくりを進める自治体職員が増えれば増えるほど、国が自治体を対等に扱わない理由はありません。**自治体の存在によって地域から日本が活性化すれば発言力も説得力も格段に違います。そのときこそ、真の意味で、国と都道府県と市町村が対等となるのです。

自治体職員の皆さん、その日を一日も早く迎えられるように、新しい時代にふさわしい、私たちにしかできない仕事に全力で取り組もうではありませんか。

生産性を上げる
残業時間削減の取り組み

COLUMN ⑤

生産性を上げる取り組みはいろいろありますが、国の働き方改革に先駆けて、生駒市では残業時間削減の取り組みを進めています。2011年度には「時間外勤務命令の運用に関する指針」を定め、以下のような取り組みや方針を明確にしました。

まず、市長が、部長や課長と議論した結果を踏まえ各課の残業時間目標を設定しました。そのうえで、残業時間目標の達成度を管理職の人事評価項目とし、管理職による業務効率化、働き方改革等を促進しました。

第二に、市の幹部で構成される行政経営会議において、一定の基準以上の時間外勤務超過者や、目標を超過している部長による理由説明など、具体的な改善方法を強く求める場を設けました。

１ヶ月の残業時間が80時間を超える者等については、原則残業命令を禁止し、時間外勤務をするときは部下が上司に事前申請をしたうえで、上司が部下に命令する手続きを徹底し、従来のような、何となく残業している、という状態を極力排除するよう努めました。

残業削減の取り組みを強化する一方で、各部や各課が工夫を凝らして効率的に働くことのできる体制を整備しています。例えば、部内の人事配置については、原則として各部長の裁量を拡大し、忙しい課と比較的ゆったりしている課の間で、弾力的な人員の運用を可能としました。また、市民との協創事業が増え、土日や夜の勤務が増えていることから、週休日勤務の時間外精算を原則廃止して代休で対応するほか、時差出勤制度を導入しています。

その結果、私の就任直前の2010年度には93509時間だった職員の総残業時間は、2012年度には69360時間と大きく減少し、職員数を抑制しながら、５年間で約3.5億円の人件費を削減しています。

おわりに　新時代の公務員・自治体とは⁈

私が生駒市に来てから7年が経ちます。

その間に、劇的な社会の変化、自治体組織に求められることの変化がありました。

まず、ＡＩやＩＴの急激な進展です。ＡＩが将棋の名人に勝利し、公務員の事務的な仕事はなくなると予想され、実際に一部の自治体業務はＡＩが担い始めています。

国際化も大きな変化です。生駒市のような住宅都市では国際化の視点は重要視されてきませんでしたが、この5年で訪日外国人は4倍近く増加しており、大阪市や奈良市のような観光名所を多く抱える定番のまちだけでなく、住宅都市生駒にもその波は届き始めています。国際化と無縁な自治体は今後日本になくなっていくのです。

そしてなんといっても少子高齢化と人口減少。その影響は、団塊の世代が多い住宅都市で特に顕著です。私が生駒市に来た7年前、生駒市は高齢化率が全国平均より低いまちでした。それが、市長に就任した3年前に全国平均とほぼ同じになり、今では全国平均を超えています。生駒市では、２０１５年からの10年間で後期高齢者の数は約１・７倍になり、典型的な「２０２５年問題」のまちになります。

このように、私が生駒市に来てからたったの7年で、生駒市やわが国を取り巻く社会状況やAIやITなどの技術は驚くほど変化・進化していますが、これからの7年はさらに急速な変化が起こるはずです。

これから7年経つとちょうど2025年。2025年の社会を予測し、それが自治体や公務員に与える影響まで考え、必要な行動を起こす。困難な作業ですが、このような流れが全国各地で出てこないと、自治体や公務員はみんな一緒に消滅してしまいます。

逆に、そのような議論が高まり、変化に対応するアクションが全国各地に広がることで、地域から日本を変えるという地方創生の目的を達成するチャンスにもなります。

今、生駒市は、ベッドタウンという「寝るために帰るだけの街」から脱し、ワーク・ライフ・バランスに加えて、コミュニティも楽しめるまちづくり「ワーク・ライフ・コミュニティのハーモニー」に挑戦しています。市民が地域の課題に行政とともに取り組み、楽しみながらまちづくりを進める「自治体3・0」を実現し、それを全国に展開することが私の最大の目標です。

このように、社会の急激な変化はピンチでもありながら、チャンスにもできるのです。私は、生駒市を拠点に、全国各地の仲間とともに、言葉だけではなく行動で、「地域から国を、社会を変える」ため、全力で動いていきます。

本書の執筆に当たっては、前著『さっと帰って仕事もできる！　残業ゼロの公務員はここが違う！』と同様、学陽書房の宮川さんから多大なご指導をいただきました。

2025年頃の自治体や公務員がどうなっているか、今から何をやればよいのか、という切り口をいただいたのも宮川さんであり、自治体での経験を体系化して全国の皆さんに伝え、議論したいという私の想いを素敵な形で具体化してくださいました。本当にありがとうございました。

また、本書に記載している予測や具体的な提言などは、さまざまなデータや統計、調査に基づくものをベースとしていますが、具体的な先進事例や一部予想や推測が必要な部分には、私のこれまでの経験を活用しています。多くの時間と経験を共有した環境省の皆様、NPO法人プロジェクトKの皆様に感謝申し上げます。

そして、なんといっても生駒市役所の職員と生駒市民の皆様とは、ともに生駒のまちづくりに取り組み、新しい挑戦を進めており、このようなまちづくりの経験がなければ、私が胸を張って将来の予測や提言をすることは不可能でした。

皆さんと取り組んだ生駒のまちづくりは私の人生の宝物です。本書に紹介している事例は、そんな宝物の本当に一部だけですが、これからも生駒市は市民と行政が力を合わせて、楽しみながら「自治体3・0、協創のまちづくり」を進めていきます。

なお、本書の執筆の構想段階においては、かけがえのない友人たちのご示唆やご協力をいただきました。森康通さん、芳野行気さん、朝比奈一郎さん、山田将義さん、後藤好邦さん、山田崇さん、大垣弥生さん、荻巣友貴さん、高林祐也さん、加藤年紀さん（順不同）には、心から感謝いたします。

最後に、国家公務員を辞めた私とともに見ず知らずの生駒市に移り、副市長から市長に挑戦したり、市長として忙しい毎日を送ったりという激動の人生を歩む中、幸せな時間と3人の子どもという人生で一番の宝物を私にプレゼントしてくれた最愛の妻に心からの感謝とお礼を述べて筆を置きます。いつもありがとう。

2018年10月吉日

奈良県生駒市長

小紫　雅史（こむらさき　まさし）

著者紹介

小紫 雅史 （こむらさき・まさし）

奈良県生駒市長。

1997年、一橋大学法学部を卒業し、環境庁（現・環境省）に入庁。ハイブリッド自動車の税制優遇、(株) ローソン等との環境自主協定の締結などに携わる。

米国のシラキュース大学マックスウェル行政大学院に留学し、2003年に、行政経営学修士号（MPA）、教養学修士号（MA）を取得。

帰国後、「NPO法人プロジェクトK」「環境省を変える若手職員の会」を立ち上げ、官邸に霞が関改革の提言を提出するなど、公務員制度改革に一石を投じる。

2007年2月から3年間ワシントンDCの日本国大使館に勤務。

2011年8月、全国公募による371名の候補者の中から生駒市副市長に就任。

2015年4月、生駒市長に就任し、現在に至る。

生駒市では、環境モデル都市への認定、採用制度改革や地域に飛び出す副業制度の実施、自治体電力会社の設立、先進的な受動喫煙防止施策の推進等、数々の実績を上げる一方、市民と行政がともに汗をかいて進める「自治体3.0」のまちづくりを提唱し、全国に先駆けて実践しており、各種メディアへの出演・連載や講演も多数。

著書に『さっと帰って仕事もできる！残業ゼロの公務員はここが違う！』（学陽書房）、『霞が関から日本を変える』（マイナビ新書:共著）などがある。

1974年　兵庫県小野市生まれ。妻、2男1女。

10年で激変する！
「公務員の未来」予想図

2018年10月18日　初版発行
2019年２月６日　３刷発行

著　者　小紫《こむらさき》　雅史《まさし》
発行者　佐久間重嘉
発行所　学 陽 書 房
〒102-0072　東京都千代田区飯田橋1-9-3
営業部／電話　03-3261-1111　FAX　03-5211-3300
編集部／電話　03-3261-1112　FAX　03-5211-3301
http://www.gakuyo.co.jp/
振替　　00170-4-84240

装幀／佐藤　博
印刷／東光整版印刷　　製本／東京美術紙工

ISBN 978-4-313-15093-5　C0034

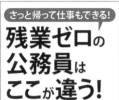

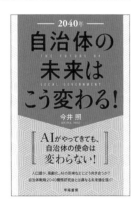